中华国学经典精粹

道德经

[春秋]老子 著
高文方 译

图书在版编目（CIP）数据

道德经 / （春秋）老子著；高文方译 . —北京：北京联合出版公司，2015.7（2022.8 重印）

（中华国学经典精粹）

ISBN 978-7-5502-4340-8

Ⅰ . ①道… Ⅱ . ①老… ②高… Ⅲ . ①道家 ②《道德经》—通俗读物 Ⅳ . ① B223.1-49

中国版本图书馆 CIP 数据核字（2015）第 000091 号

道德经

作　　者：（春秋）老　子
责任编辑：王　巍
封面设计：颜　森

北京联合出版公司出版
（北京市西城区德外大街 83 号楼 9 层　100088）
北京华夏墨香文化传媒有限公司发行
三河市东兴印刷有限公司印刷　新华书店经销
字数 130 千字　880 毫米 ×1230 毫米　1/32　5 印张
2019 年 5 月第 3 版　2022 年 8 月第 16 次印刷
ISBN 978-7-5502-4340-8
定价：36.00 元

前言

《道德经》是中华传统文化中的经典著作，历代学者都将其视为一门必修课而加以研读。历史上对《道德经》一书的注解有千家之多，然而由于注解者所处的朝代、生活背景和思想观念各不相同，所以这些注解可谓“仁者见仁，智者见智”。黄老派引用其义，称其为“君人南面之术”；养生家称其为“安身立命”之说；战争家称其为“谈兵论战”之德；帝王们认为它是“治国安邦”之策……莫衷一是，而近代学者将其定位为“论说哲理”的哲学著作。

《道德经》究竟如何定位，如何阅读，如何理解？读者还需结合时事与自身的境况，使其中的真意为己所用。

1. 欲读其书，先解其人

《道德经》本名《老子》，与《庄子》双峰并峙。而对老子李耳其人，古来颇有争议。司马迁在《史记·老子韩非列传》里写道：

老子者，楚苦县厉乡曲仁里人也，姓李氏，名耳，字聃，周守藏室之史也。

孔子适周，将问礼于老子。老子曰："子所言者，其人与骨皆已朽矣，独其言在耳。且君子得其时则驾，不得其时则蓬累而行。吾闻之，良贾深藏若虚，君子盛德，容貌若愚。去子之骄气与多欲，态色与淫志，是皆无益于子之身。吾所以告子，若是而已。"孔子去，谓弟子曰："鸟，吾知其能飞；鱼，吾知其能游；兽，吾知其能走。走者可以为罔，游者可以为纶，飞者可以为矰。至于龙吾不能知，其乘风云而上天。吾今日见老子，其犹龙邪！"

老子修道德，其学以自隐无名为务。居周久之，见周之衰，乃遂去。至关，关令尹喜曰："子将隐矣，强为我著书。"于是老子乃著书上下篇，言道德之意五千余言而去，莫知其所终。

由此可知，老子是春秋时人，与孔子同时但比孔子年长，曾经担任过周朝的守藏室之史，在周朝居在颇久，后见周朝衰亡而离去。因此，春秋时期社会生活中政治、经济、文化等诸多方面的情景，必然与老子的思想和《道德经》的深意息息相关，甚至对其具有直接的影响。

2. 欲解其意，先观其脉

《道德经》共八十一章，多为韵文，分为《道经》与《德经》两大部分。虽然传统的顺序是《道经》在前

《德经》在后，但在1973年发掘长沙马王堆汉墓时出土的《老子》帛书是《德经》在前，这也许是古本的顺序。

《道德经》五千言，篇幅不长而论述精辟，其含义深远，思想广博，从多个方面论述了宇宙的本体、万物之源、自然规律，等等，并将其意义融入自然、现实、社会、国家、民生等众多方面，大致分为论道、治国、修身、砭时、养生、议兵六大方向。

虽然书中文字内容飘忽不定，正言若反，但整本书思想统一且贯彻始终，用朴素的辩证思维构建了老子独特而跨越时空的思想理论体系。

3. 不离其根，博采众长

研读《道德经》，最重要的一点就是尊重原文。本书的原文遵照中华书局发行的通行版本，每一章以原文开头，之后有“注释”和“解析”两个板块，对字词的注释简明扼要，对原文的翻译精妙准确，同时还融入了通俗易懂的解读。另外，本书除了常有的字词注释及解读，还加入了河上公对《道德经》的注解，希望这位黄老学派的集大成者的见解能帮助读者更好地理解《道德经》的主旨。

研读《道德经》还需博采众家之长。历史上对此书做过精妙注解的学者颇多，例如晋代的王弼、明代的开国皇帝朱元璋，乃至今天的高亨、陈鼓应等人，读者可以借助这些学者的解说辅助阅读。另外，如果在此基础上发现疑难问题，也不必迷信先贤，只要认真分析，有理有据即可另行解说。

最后，希望读者研读本书时能够“以心为本”“知行合一”。

目录

上篇　道经

下篇 德经

上篇　道经

一章

【原文】

道[①]可道[②]，非常道；名[③]可名[④]，非常名。

无名，天地之始；有名，万物之母[⑤]。

故常无欲，以观其妙；常有欲，以观其徼[⑥]。

此两者，同出而异名，同谓[⑦]之玄。玄之又玄[⑧]，众妙之门[⑨]。

【注释】

①道：名词，这里指宇宙本原。引申义为万物的根本、真理、原理、规律等。

②道：动词，说明，讲清楚。

③名：名词，①中“道”的形态。

④名：动词，表明，与②中“道”同理。

⑤母：母体，源头。

⑥徼（jiào）：边界，分界线。这里意为事物的表象。

⑦谓：称谓，这里意为“可以叫作”“称呼……为”。

⑧玄：玄妙，深奥，无法探究。

⑨门：大门，门户，这里指产生宇宙玄奥的地方，或暗指认识宇宙玄奥的法门。

【解析】

“道”是无法用言语清晰地表达出来的，如果可以，就不是我们所说的“大道”；“道”的形态和概念如果可以为其定名，就不可能是“道”永恒的形态与概念。

天地间任何事物产生时都是不确定的，也不能用语言来述说其状态，这就是整个混沌的宇宙的源头；然而任何事物都有自己的根源，这部分能用言语表明的概念，称之为孕育的母体。

因此，保持虚无的状态，是为了观察事物玄妙的本质；保持实有的状态，是为了观察事物所体现出来的表面现象。

其实，“虚无”和“实有”出于同一个“道”，只不过是“道”不同的一面。“虚无”和“实有”两者组合在一起，会有无数种玄妙的可能（不确定的组合，如上有下无，内有外无等）。这些无法确定的组合甚至更玄妙的东西正是“道”，换句话说，“有”和“无”就像是支撑起“道”的“众妙之门”。

【名家注解】

河上公：

谓经术政教之道也。非自然长生之道也。常道当以无为养神，无事安民，含光藏晖，灭迹匿端，不可称道。谓富贵尊荣，高世之名也。非自然常在之名也。常名当如婴儿之未言，鸡子之未分，明珠在蚌中，美玉处石间，内虽昭昭，外如愚顽。

无名者谓道，道无形，故不可名也。始者道本也，吐气布化，出于虚无，为天地本始也。有名谓天地。天地有形位、有阴阳、有柔刚，是其有名也。万物母者，天地含气生万物，长大成熟，如母之养子也。

妙，要也。人常能无欲，则可以观道之要，要谓一也。一出布名道，赞叙明是非。徼，归也。常有欲之人，可以观世俗之所归趣也。

两者，谓有欲无欲也。同出者，同出人心也。而异名者，所名各异也。名无欲者长存，名有欲者亡身也。玄，天也。言有欲之人与无欲之人，同受气于天也。天中复有天也。禀气有厚薄，得中和滋液则生贤圣；得错乱污辱则生贪淫也。能知天中复有天，禀气有厚薄，除情去欲，守中和，是谓知道要之门户也。

二章

【原文】

天下皆知美之为美，斯①恶②已；皆知善之为善，斯不善已。

故有无相③生，难易相成，长短相形④，高下相倾，音声⑤相和，前后相随。

是以圣人⑥处无为⑦之事，行不言之教。万物作⑧焉而不辞，生而不有，为而不恃，功成而弗居。夫惟弗居，是以不去。

【注释】

①斯：表示转折，意为则、就、于是。

②恶：丑，与前言“美”相对而论。

③相：彼此，互相。

④形：现形，意为显现出来，这里指通过比较看出来。

⑤音声：古人把“音”与“声”分开解释，奏出的乐声称之为“音”，发出单一的音响称之为“声”。

⑥圣人：主张居静，不争，顺从自然，张扬人的内在生命的人被道家称为“圣人”。这里和儒家思想中的“圣人”不同。

⑦无为：什么都不去做，让一切顺其自然。

⑧作：兴起，这里意为生长。

【解析】

天下都知道什么样子才可以称得上美的时候，也就知道了丑的存在；都知道什么样子称得上善的时候，也就明白了不善的定义。

因此，实有和虚无相伴而生，困难和容易相辅相成，长与短通过互相比较而得以显现，高与低互相依靠而存在，单音与复声和鸣而成就曲调，前与后互相追随，自古便一直是这样。

正因为这样，圣人才在处事方面采取了“无为而治”的做法，实施无言的教化方针，任凭万物自然生长。给万物生命而不因为这一点将其据为己有，养育万物也不因为这一点而自恃能力甚高，帮助万物成就自己也不会居功自傲。只有身兼功德而不自恃功德，功德才能不散去，才能帮助自己成就不朽之功。

【名家注解】

河上公：

自扬己美，使显彰也。有危亡也，有功名也，人所争也。

见有而为无也，见难而为易也，见短而为长也，见高而为下也，上唱下必和也，上行下必随也。

以道治也，以身师导之也，各自动作，不辞谢而逆止。元气生万物而不有。道所施为，不恃望其报也。功成事就，退避不居其位。夫惟功成不居其位，福德常在，不去其身也。此言不行不可随，不言不可知矣。上六句有高下长短，君开一源，下生百端，百端之变，无不动乱。

三章

【原文】

不尚贤[①]，使民不争；不贵[②]难得之货，使民不为盗；不见[③]可欲，使心不乱。

是以圣人之治，虚其心[④]，实其腹，弱[⑤]其志，强其骨。常使民无知无欲，使夫智者不敢为也。为无为，则无不治[⑥]。

【注释】

①尚贤：推崇有才德的人。尚，崇尚，推崇。贤，品德高尚又有才华的人。

②贵：珍贵。这里是动词，视其珍贵，重视。

③见：通“现”，出现。这里意为炫耀，展露。

④虚其心：使其心灵空明，没有狡诈或非分的念头。虚，虚无，引申意为洁净。心，心灵、思想、精神。

⑤弱：削弱。

⑥治：治理，引申为治世，天下太平之意。

【解析】

不去推崇品德高尚的人才，这样可以使民众不去争名夺利；不要把稀有的珍宝看得异常珍贵，这样可以使民众不因为想要占有而沦为盗贼；不要将能够诱发贪欲的事物展示出来给民众看，这样可以使民众的心思不被扰乱。

由此可见，圣人治理国家的最佳原则为：使民众心灵纯洁，帮助民众填饱肚子，弱化民众的不良欲望，强健民众的筋骨。总之，要让民众处于淡化思维和欲望的状态，让有才智的人也不敢肆意制造事端。遵循“无为”的原则，就没有治理不好的地方。

【名家注解】

河上公：

贤谓世俗之贤，辩口明文，离道行权，去质为文也。不尚者，不贵之以禄，不尊之以官也。不争功名，返自然也。言人君不御好珍宝，黄金弃于山，珠玉捐于渊也。上化清静，下无贪人。放郑声，远佞人。不邪淫，不惑乱也。

说圣人治国与治身也。除嗜欲，去烦乱。怀道抱一，守五神也。和柔谦让，不处权也。爱精重施，髓满骨坚。反朴守淳。思虑深，不轻言。不造作，动因循。德化厚，百姓安。

四章

【原文】

道冲[①]而用之，或不盈[②]。渊[③]兮，似万物之宗。（挫[④]其锐，解[⑤]其纷，和[⑥]其光，同其尘[⑦]。）湛[⑧]兮，似若存[⑨]。

吾不知谁之子，象[⑩]帝之先。

【注释】

①冲：通“盅”，空虚，虚无。

②盈：满，这里意为极致，极限。

③渊：渊源，深远。

④挫：消磨。

⑤解：解除，消解。

⑥和：调和，隐蔽。

⑦尘：尘垢，尘世。括号中的这四句与前后文不合，应移至五十六章。

⑧湛：深沉，静谧。这里形容确实存在但看不清真实形迹的“道”。

⑨似若存：似乎存在。

⑩象：同“像”，似乎。

【解析】

“道”看似虚无，但它的作用又似乎没有极限。它的深远无法探及，就如同万物的宗源。（它将自己的锐气完美收敛，却又能解开重重纷杂；将自己的光芒隐藏，又能与俗尘混同。）它深沉得难以了解，而又似乎时时刻刻存在于万物的四周。

我并不知道是谁孕育了这样的“道”，似乎天帝出现之前它就已经存在于世间了。

【名家注解】

河上公：

冲，中也。道匿名藏誉，其用在中。或，常也。道常谦虚不盈满。道渊深不可知，似为万物之宗祖。锐，进也。人欲锐精进取功名，当挫止之，法道不自见也。纷，结恨也。当念道无为以解释之。言虽有独见之明，当如暗昧，不当以曜乱人也。当与众庶同垢尘，不当自别殊。言当湛然安静，故能长存不亡。

老子言：我不知道所从生。道似在天帝之前，此言道乃先天地生也。至今在者，以能安静湛然，不劳烦，欲使人修身法道。

五章

【原文】

天地不仁[①]，以万物为刍狗[②]；圣人不仁，以百姓为刍狗。

天地之间，其犹橐籥[③]乎？虚而不屈[④]，动而愈出。

多言数穷[⑤]，不如守中[⑥]。

【注释】

①仁：仁爱之心。这里意为没有意志和感情，只是自然地存在。

②刍狗：用喂牲畜的草扎成的狗，比喻低贱。刍狗主要在古代祭祀时使用，祭祀期间备受重视，但祭祀完毕后就变得毫无用处，被随意丢弃。

③橐（tuó）籥（yuè）：风箱，古代鼓风吹火用的器具。

④屈：此处念“jué”，与“绝”意思相近，意为匮乏。

⑤穷：穷困，穷尽，走投无路。

⑥中：与前文“冲”同意，通“盅”，此处意为极端平静的状态。

【解析】

天地并没有人的思维，所以没有仁慈之心，将世间万物都看作祭坛上用喂牲畜的草所扎的狗，让它们自荣自枯；圣人也应当效仿天地，没有任何偏爱，把百姓当作祭坛上用喂牲畜的草所扎的狗，让其自生自灭。

天地之间，是否就像为火炉鼓风的风箱？它内部看似空虚，其实并不匮乏，越是鼓动起来，内部的风反而越是向外散去。

反思一个人的言行，往往是因为他说话太多而把自己逼上了绝路，与其如此，倒不如保持自己内心的平静，把话放在心里，反而能得到更多。

【名家注解】

河上公：

天施地化，不以仁恩，任自然也。天地生万物，人最为贵，天地视之如刍草狗畜，不责望其报也。圣人爱养万民，不以仁恩，法天地任自然。圣人视百姓如刍草狗畜，不责望其礼意。

天地之间空虚，和气流行，故万物自生。人能除情欲，节滋味，清五脏，则神明居之也。橐籥中空虚，故能有声气。言空虚无有屈竭时，动摇之，益出声气也。

多事害神，多言害身，口开舌举，必有祸患。不如守德于中，育养精神，爱气希言。

六章

【原文】

谷神①不死，是谓“玄牝②”。玄牝之门③，是谓天地根。绵绵④若存，用之不勤⑤。

【注释】

①谷神：即“道”。谷本身有虚空、开阔的特点，形容“道”如同山谷一样博大。神则形容“道”的神奇和变幻莫测。

②牝（pìn）：雌性的鸟或兽，这里指能孕育一切的“道”。

③门：雌性动物的生殖器，指制造天地、生育万物的根源。

④绵绵：形容如丝线般连绵不绝的样子。

⑤勤：尽。

【解析】

“道”仿佛能包容一切，同时又变化万千，并且永远不会消亡。它是缔造一切生命和非生命的母体，而这样神秘的母体有个孕育万物的出口，这个出口就是天地的根源。这个出口如丝絮般连绵存在却又难觅行迹，但它的作用无穷无尽。

【名家注解】

河上公：

谷，养也。人能养神则不死，神谓五脏之神：肝藏魂，肺藏魄，心藏神，肾藏精，脾藏志。五脏尽伤，则五神去矣。言不死之道，在于玄牝。玄，天也，于人为鼻。牝，地也，于人为口。天食人以五气，从鼻入藏于心。五气清微，为精神聪明，音声五性。其鬼曰魂，魂者雄也，主出入人鼻，与天通，故鼻为玄也。地食人以五味，从口入藏于胃。五味浊辱，为形骸骨肉，血脉六情。其鬼曰魄，魄者雌也，主出入人口，与地通，故口为牝也。

根，元也。言鼻口之门，乃是通天地之元气所从往来也。鼻口呼噏喘息，当绵绵微妙，若可存，复若无有。用气当宽舒，不当急疾勤劳也。

七章

【原文】

天长地久。天地所以能长且久者，以①其不自生，故能长生。

是以圣人后其身[2]而身先[3]，外[4]其身而身存。非以其无私耶？故能成其私。

【注释】

①以：因为。

②身：本身，自身，自己。

③先：居于先。这里意为站在众人之前。

④外：在……外。这里是说将一切置之度外，不过分考虑和在乎。

【解析】

天与地一直长存于世间（道家思想中，天地的长存是相对于万物的兴起和消亡而言的，如果就天地本身而论，天与地也并不是永恒存在的）。天与地能够长久地存在的原因，在于它们不为自己而生，因此能够长久。

因此，圣人让自己位于众人之后，可是他的思想和步伐反而走到了众人的前面；没有过于在乎自己的生命，反而更好地保全了自己的生命。这是能够抛开一己之私的缘故吗？正是因为没有私心，反而成就了自己的私心。

【名家注解】

河上公：

说天地长生久寿，以喻教人也。天地所以独长且久者，以其安静，施不求报，不如人居处汲汲求自饶之利，夺人以自与也。以其不求生，故能长生不终也。

先人而后己也。天下敬之，先以为官长。薄己而厚人也。百姓爱之如父母，神明祐之若赤子，故身常存。圣人为人所爱，神明所祐，非以其公正无私所致乎？人以为私者，欲以厚己也。圣人无私而己自厚，故能成其私也。

八章

【原文】

上[①]善若水。水善利万物而不争，处众人之所恶[②]，故几[③]于道。

居善地，心善渊[④]，与[⑤]善仁，言善信，政善治[⑥]，事善能，动善时[⑦]。

夫唯不争，故无尤[⑧]。

【注释】

①上：至上，最。

②恶：厌恶，不喜欢。

③几：几乎，接近。

④渊：沉静，深藏不露。

⑤与：交往，相处。

⑥政善治：从政把国家治理好。

⑦时：准时，引申为抓住有利的时机。

⑧尤：埋怨，责怪。

【解析】

最高的品德和修养（亦指拥有最高品德和修养的人）就如同水一样。水善于滋养万物而不与万物相争，又处于众人都不愿意居住的地方，所以水的这种境界已经接近于“道”了。

居住时选择地势低的地方，内心如深谷一般沉静、广阔，与人相交时保持一颗仁爱的心，说话诚实，从政则能够将国家管理得井井有条，处事的时候善于发挥自己的长处来解决难题，行动时则善于把握有利的时机。

这种不与万物相争，水（道）一般的心态，自然不会引来他人的埋怨和责怪。

【名家注解】

河上公：

上善之人，如水之性。水在天为雾露，在地为泉源也。众人恶卑湿垢浊，水独静流居之也。水性几于道同。水性善喜于地，草木之上即流而下，有似于牝动而下人也。水心空虚，渊深清明。万物得水以生，与虚不与盈也。水内影照形，不失其情也。无有不洗，清且平也。能方能圆，曲直随形。夏散冬凝，应期而动，不失天时。

壅之则止，决之则流，听从人也。水性如是，故天下无有怨尤水者也。

九章

【原文】

持而盈[①]之，不如其已[②]。

揣而锐之，不可长保。

金玉满堂，莫之能守。

富贵而骄，自遗其咎[③]。

功成、名遂[④]、身退，天之道[⑤]也。

【注释】

①盈：满，这里指自满、骄傲。

②已：止，这里意为不要继续了。

③咎：过失，祸患。

④遂：遂愿，这里指名声到达了自己想要的位置。

⑤道：自然规律，也指天地间的大道。

【解析】

自恃能力高而骄傲自满，不如适可而止；即使将铁器打磨得非常锐利，这种锋锐也难以保持很长时间。

将黄金美玉堆满自己的厅堂，却无人能够长久地守住这些财富；若因为富有而骄横，通常会为自己带来意想不到的祸患。

所以，当自己功成名就的时候，就应该急流勇退，因为这样做才符合天地间的大道，并能使自己远离灾祸。

【名家注解】

河上公：

盈，满也。已，止也。持满必倾，不如止也。揣，治也。先揣治之，后必弃捐。嗜欲伤神，财多累身。夫富当赈贫，贵当怜贱，而反骄恣，必被祸患。言人所为，功成事立，名迹称遂，不退身避位，则遇于害，此乃天之常道也。譬如日中则移，月满则亏，物盛则衰，乐极则哀。

十章

【原文】

载[①]营魄[②]。抱一[③]，能无离乎？

专[④]气致柔，能如婴儿乎？

涤除玄览[⑤]，能无疵乎？

爱民治国，能无为乎？

天门[⑥]开阖[⑦]，能为雌[⑧]乎？

明白四达，能无知[⑨]乎？

（生之、畜[⑩]之，生而不有，为而不恃，长而不宰，是谓“玄德[⑪]”。）

【注释】

①载：语助词，相当于“夫”。

②营魄：魂魄。

③抱一：合而为一。

④专：聚集。

⑤涤除玄览：清除内心的杂念，以直觉对心智进行深入的观照。

⑥天门：自然之门。对人而言，指眼耳口鼻等生来就具有的感官，这些感官可以与外界接触，如同一扇门，故以“门”称。

⑦阖：通“合”，关闭。

⑧雌：宁静，柔弱，谦和。

⑨知：通“智”，这里指智巧、心机。

⑩畜：养育。

⑪玄德：奥妙深邃的德行。括号中的句子与上文不合，应移至五十一章。

【解析】

身体与灵魂合而为一，就能够不偏离大道吗？

聚集精气，追求柔和温顺的形态，就能够像婴儿一样吗？

摒除内心的杂念，进而观照灵魂深处，就能够做到心中毫无瑕疵吗？

热爱百姓，将国家治理好，就能做到真正的无为吗？

生来具有的感官在接触外界时，能够做到安静保守吗？

当自己的心智非常明白通达的时候，为人处世能够不利用智巧吗？

（所谓奥妙深邃的大德行，往往就是孕育万物、培养万物而不据为己有，同时更不自恃有功而凌驾于万物之上，更不会因为自己是万物之长而主宰万物。）

【名家注解】

河上公：

营魄，魂魄也。人载魂魄之上得以生，当爱养之。喜怒亡魂，卒惊伤魄。魂在肝，魄在肺。美酒甘肴，腐人肝肺。故魂静志道不乱，魄安得寿延年也。言人能抱一，使不离于身，则身长存。一者，道始所生，太和之精气也。故曰一。一布名于天下，天得一以清，地得一以宁，侯王得一以为正平，入为心，出为行，布施为德，总名为一。一之为言志一无二也。

专守精气使不乱，则形体能应之而柔顺。能如婴儿内无思虑，外无政事，则精神不去也。

当洗其心使洁净也。心居玄冥之处，览知万事，故谓之玄览也。不淫邪也，净能无疵病乎。

治身者，爱气则身全；治国者，爱民则国安。治身者呼吸精气，无令耳闻；治国者布施惠德，无令下知也。

天门谓北极紫微宫，开阖谓终始五际也。治身，天门谓鼻孔，开谓喘息，阖谓呼吸也。治身当如雌牝，安静柔弱，治国应变，和而不唱也。

言道明白，如日月四达，满于天下八极之外。故曰：视之不见，听之不闻，彰布之于十方，焕焕煌煌也。无有能知道满于天下者。

道生万物而畜养之。道生万物，无所取有。道所施为，不恃望其报也。道长养万物，不宰割以为器用。言道德玄冥，不可得见，欲使人如道也。

十一章

【原文】

三十辐[1]共一毂[2]，当其无，有车之用。

埏埴[3]以为器，当其无，有器之用。

凿户牖[4]以为室，当其无，有室之用。

故有之以为利，无之以为用。

【注释】

①辐：古代车轮中的木条。古时候的车轮由三十根辐条构成，这个数字取法于每月三十日的历次，寓意为轮转向前。

②毂（gǔ）：车轮中心的圆木，其中有圆孔，用来穿插车辐并连接车轴。

③埏（shān）埴（zhí）：搅拌泥土。

④户牖（yǒu）：门窗。

【解析】

三十根辐条聚集在车轴上，就有了车轴中心的空虚之处，如此车子才能正常运行，也就有了真正的作用。搅拌并揉捏泥土，将它做成器皿，器皿就有了中间空虚的地方，才能盛放东西，这才有了器皿的作用。开凿门窗修建房屋，让整个房屋之中有足够用来摆放家具并居住的空间，这才有了一个房屋真正的作用。由此可见，如果对实实在在、看得见摸得着的材料进行改造，就会使这些材料本身产生作用，而改造材料时出现的许多看不见摸不到的元素也会产生作用。

在有形与无形相互依存的同时，发挥的作用也是相互依存的，人们往往用有形的物体来制造无形的元素，在使用之时无形的部分往往更加被人需要。

【名家注解】

河上公：

古者车三十辐，法月数也。共一毂者，毂中有孔，故众辐共凑之。治身者当除情去欲，使五脏空虚，神乃归之。治国者寡能，总众弱共扶强也。无，谓空虚。毂中空虚，轮得转行；舆中空虚，人得载其上也。

埏，和也。埴，土也。和土以为饮食之器。器中空虚，故得有所盛受。谓作屋室。言户牖空虚，人得以出入观视；室中空虚，人得以居处，是其用。

利，物也，利于形用。器中有物，室中有人，恐其屋破坏；腹中有神，畏其形消亡。言虚空者乃可用盛受万物，故曰虚无能制有形。道者空也。

十二章

【原文】

五色①令人目盲②，五音③令人耳聋，五味④令人口爽⑤，驰骋⑥田猎⑦令人心发狂，难得之货令人行妨⑧。

是以圣人为腹，不为目。故去彼取此⑨。

【注释】

①五色：古人把红、黄、青、白、黑喻为五色。

②目盲：指令人眼花缭乱。

③五音：古代音律分宫、商、角、徵（zhǐ）、羽五音。之后才加入半徵、半商，合成七音。

④五味：酸、甘、辛、苦、咸，这里指各种口味的美食。

⑤口爽：失去味觉。

⑥驰骋：纵马疾行，这里指纵情游荡。

⑦田猎：以伤害动物的方式打猎。

⑧行妨：妨害行为，这里指做出伤害道德的行为。妨，伤害。

⑨去彼取此：摒弃那些，应用这些。彼，代指前文不好的方式；此，代指前文好的方式。

【解析】

当自己的眼前被五光十色的花花世界所填充时，眼光就会变得迷乱而看不清真实的事物；当耳边充斥着嘈杂的音乐时，自己的耳朵也会失去灵敏的听觉，进而听不到真正动听的乐曲；当自己像饕餮一般吞食着世上各种珍馐美味的时候，自己的舌头也就无法品尝出真正的美味了；每日都纵情于骑马狩猎，自己的心情和神志也会因为猎杀而变得狂乱；而面对奇珍异宝，人就很容易做出有损于道德的行为。

因此，圣人应当仅仅追求果腹温居，而不是追求声色犬马的享受，更应当摒弃那些欲望的诱惑，保持恬静的生活方式。

老子认为，困扰人心的五大元素分别是五色、五音、五味、猎杀和珍贵的物品，每当人们醉心于这五大元素或者其中任何一种的时候，都会认为自己是在享受，但事实恰恰相反，这些东西会给人带来巨大的危害，或者说让人无法得到真正应该得到的快乐，这种快乐就是“无欲无为”。

更深一层而言，真正的享受是理性的节制，享受“无”，而不是虚华地放纵并享受奢侈的“有”，这一点遵从道家“贵无不贵有”的思想。简单而言，追求声色物欲的满足容易让人的价值观和道德观扭曲，即使物质文明得以进步，精神文明也会枯萎。

【名家注解】

河上公：

贪淫好色，则伤精失明，不能视无色之色。好听五音，则和气去心，不能听无声之声。爽，亡也。人嗜于五味，则口亡，言失于道也。人精神好安静，驰骋呼吸，精神散亡，故发狂也。妨，伤也。难得之货，谓金银珠玉，心贪意欲，不知厌足，则行伤身辱也。

守五性，去六情，节志气，养神明。目不妄视，妄视泄精于外。去彼目之妄视，取此腹之养性。

十三章

【原文】

宠辱[①]若惊，贵[②]大患若身。

何谓宠辱？宠为上，辱为下[③]；得之若惊，失之若惊，是谓宠辱若惊。

何谓贵大患若身？吾所以有大患者，为吾有身；及吾无身，吾有何患？

故贵以身为天下者，则可寄于天下；爱以身为天下者，乃可以托于天下。

【注释】

①宠辱：得宠和受辱。

②贵：畏。

③下：低下，卑下的。

【解析】

得宠或者被侮辱时就如同受到惊吓一般，害怕大患降临到自己的身体上。

什么叫作得宠或者被侮辱时就如同受到惊吓？其实得宠并不一定是开心的事，因为得宠就会担心失宠，失宠就如同受辱，得到与失去都是因为自己身份卑微、在人之下，这就是我们所说的为何得宠或者被侮辱都是卑下的事，同时又如同受到惊吓。

什么又叫作害怕大患降临到自己的身体上？我们之所以有大患，是因为拥有身体，害怕身体受到伤害，担心身体会陨灭；如果自己没有了身体，那还有什么值得担心的呢？

因此，如果一个人把天下和自己的身体看得同等重要，也许就可以把天下委托给他了；如果他忘掉了自己，心里只有天下，就可以把整个天下完全托付给他了。

通俗来讲，一个人过于看重尊严、荣辱同样对自身有害，很多人以为受辱伤害了自尊，其实受宠同样如此，因为被宠的前提就是默认自己的尊严比对方低下，而且宠辱之间还有患得患失的情绪，对自己的心灵与精神更是不小的损害。

重视自己的身体是人的天性和本能，人们在很多时候都会更多地为自己着想。如果一个人对待天下的得失、荣辱、喜乐、伤痛像对待自己的身体一样，那么这个人治理天下是合格的；如果这个人对天下的关心能够超过对自己身体的关心甚至忘掉自己的身体，那么选择这个人治理天下是明智的。

【名家注解】

河上公：

身宠亦惊，身辱亦惊。贵，畏也。若，至也。畏大患至身，故皆惊。

问何谓宠，何谓辱？宠者尊荣，辱者耻辱。及身还自问者，以晓人也。辱为下贱。得宠荣惊者，处高位如临深危也。贵不敢骄，富不敢奢。失者，失宠处辱也。惊者，恐祸重来也。解上得之若惊，失之若惊。

复还自问：何故畏大患至身？吾所以有大患者，为吾有身。有身则忧其勤劳，念其饥寒，触情纵欲，则遇祸患也。使吾无有身体，得道自然，轻举升云，出入无间，与道通神，当有何患？

言人君贵其身而贱人，欲为天下主者，则可寄立，不可以久也。言人君能爱其身，非为己也，乃欲为万民之父母。以此得为天下主者，乃可以托其身于万民之上，长无咎也。

十四章

【原文】

视之不见，名曰“夷[①]”；听之不闻，名曰“希[②]”；搏之不得，名曰“微[③]”。此三者不可致诘[④]，故混而为一。其上不皦[⑤]，其下不昧[⑥]，绳绳[⑦]兮不可名，复归于无物[⑧]。是谓无状之状，无物之象，是谓“惚恍”。

迎之不见其首，随之不见其后。执古之道，以御今之有。以知古始[⑨]，是谓道纪[⑩]。

【注释】

①夷：无色。

②希：无声。

③微：无形。

④致诘：推究。诘，诘问、追问、反问。

⑤皦（jiǎo）：清晰，光明。

⑥昧：阴暗。

⑦绳绳：纷纭不绝。

⑧无物：事物没有固定的形状，这里指“道”。

⑨古始：宇宙的开始。

⑩纪：纲纪，引申为规律的意思。

【解析】

有些东西无色无形，根本看不到，可以把它称之为

“夷”；有些东西寂静无声，根本听不到，可以把它称之为“希”；还有些东西没有实实在在的形状，根本无法触摸得到，可以把它称之为“微”。对这三者不能够盘根究底地询问，因为它们原本就浑然一体。这个混合的事物外显的部分并不是非常明亮，隐含的部分也不是特别晦暗。它没有开始的端口，也没结束的尽头，无法用明确的语言表述出来，最终只能将其归结为超凡物质一般的存在。这也许就是一种没有形状的形状，一种没有实物的形象，一种若有若无的恍惚之感。

当我们去迎接它的时候，却看不见它的开头；追随它的时候，又看不到它的末尾。我们最应该做的是遵循早已存在的“道”，来掌握和驾驭现在能看到、听到、感触到的一切事物，认识到宇宙的开始，这也就是我们所讲的“道”的规律。

换句话说，“道”是虚无缥缈的，我们无法看到、听到、摸到、感知到，但是“道”的确真实地存在着，而且它每时每刻都在按照自身独有的规律运动。如果真的能找到宇宙的开端，看到所谓的“道”，掌握“道”的运作规律，也就可以掌握世间万物的根本了。

【名家注解】

河上公：

无色曰夷。言一无采色，不可得视而见之。无声曰希。言一无音声，不可得听而闻之。无形曰微。言一无形体，不可抟持而得之。三者，谓夷、希、微也。不可致诘者，夫无色、无声、无形，口不能言，书不能传，当受之以静，求之以神，不可诘问而得之也。混，合也。故合于三名之而为一。言一在天上，不皦皦光明。言一在天下，不昧昧有所暗冥。绳绳者，动行无穷极也。不可名者，非一色也，不可以青黄（赤）白黑别；非一声也，不可以宫商角徵羽听；非一形也，不可以长短大小度之也。物，质也。复当归之于无质。言一无形状，而能为万物作形状也。言一无物质，而能为万物设形象也。言一忽忽恍恍，若存若亡，不可见之也。一无端末，不可预待也。除情去欲，一自归之也。言一无影迹，不可得而看。

圣人执守古道，生一以御物，知今当有一也。人能知上古本始有一，是谓知道纲纪也。

十五章

【原文】

古之善为道者，微妙玄通，深不可识。夫唯不可识，故强为之容①：

与兮②，若冬涉川；犹兮③，若畏四邻；俨兮④，其若客；涣兮，若冰之将释；敦兮，其若朴；旷兮，其若谷；浑兮⑤，其若浊。孰能浊以止静之，徐清？孰能安以久动之，徐生？

保此道者，不欲盈⑥。夫唯不盈，故能蔽不新成⑦。

【注释】

①容：形容，描述。

②与兮：迟疑的样子。

③犹兮：犹，本意为猿猴类动物的警觉性。“犹兮”的意思即为警惕、戒备的样子。

④俨兮：俨然，庄重、恭敬的样子。

⑤浑兮：浑厚、朴实的样子，混，通“浑”。

⑥不欲盈：不求自满。盈，满。

⑦蔽不新成：去旧存新。

【解析】

古时候善于行使“道”的人，精神境界通常远远超出一般人所能理解的水平，这些人处世微妙而玄奥，让人有一种深不可测的感觉。正是因为他们很难被常人理解和认识，所以在此勉强形容一下他们：

他们总是小心谨慎，仿佛在冬天涉水过河，怕踩破冰层掉进寒水之中；

他们总是警觉戒备，仿佛一个国王害怕邻国的军队随时来进攻自己的国家；

他们总是恭敬郑重，仿佛是要去远方赴一场重要的宴会的客人一样；

他们总是行动洒脱，仿佛是初春的冰块缓缓地消融；

他们总是淳朴厚道，仿佛是一块浑然天成、未经人工雕琢的艺术品；

他们总是豁达宏远，仿佛一座深幽的山谷，拥有承载一切的空间；

他们总是浑厚朴实，仿佛浑浊的河水，并不排斥与万物相合。

谁能使浑水慢慢地澄清，变成净水？谁又能使寂静慢慢地变得活跃起来，让空间里出现生机？保持这种“道”的人不会自满，也正是因为他从来不会感到自满，所以才可以去旧存新，不断地完善自己，以永恒存在于天地之间。

简单而言，一个人要给自己空间，需要保持容释、淳朴、旷达的心境，而不能僵硬、狭隘、刚愎、排外。只有认识到自己的不足之处，才能认识到自己能够进步的地方，也才能有进步、有未来、有发展，以利于生命的延续。例如一只杯子，只有当它没有满的时候，才有空间，人们才会继续用它；一旦它装满了东西，就难以承载更多，那它的作用也就到头了。

【名家注解】

河上公：

谓得道之君也。玄，天也。言其志节玄妙，精与天通也。道德深远，不可识知，内视若盲，反听若聋，莫知所长。谓下句也。

举事辄加重慎，与与兮若冬涉川，心难之也。其进退犹犹如拘制，若人犯法，畏四邻知之也。如客畏主人，俨然无所造作也。涣者解散，释者消亡。除情去欲，日以空虚。敦者质厚，朴者形未分。内守精神，外无文采也。旷者宽大，谷者空虚。不有德功名，无所不包也。浑者守本真，浊者不照然。与众合同，不自尊也。

孰，谁也。谁能知水之浊止而静之，徐徐自清也。谁能安静以久，徐徐以长生也。保此徐生之道，不欲奢泰盈溢。

大唯不盈满之人，能守蔽不为新成。蔽者匿光荣，新成者贵功名。

十六章

【原文】

至虚极，守静笃[①]。

万物并作，吾以观其复[②]。

夫物芸芸[③]，各复归其根。归根曰“静”，是谓“复命[④]”。复命曰“常[⑤]”，知常曰“明”。不知“常”，妄作凶。

知“常”容，容乃公，公乃王，王乃天，天乃道，道乃久，没身不殆[⑥]。

【注释】

①笃：极端，极致，极点。

②复：轮回，循环往复。

③芸芸：茂盛，繁杂，繁多。

④复命：回归原本的状态。

⑤常：常态，规律。这里指万事万物运动变化的永恒规律。

⑥殆：危险。

【解析】

心灵虚空到极点，内心静谧到极点。人们应当用这种心态面对世间万物的变化，这样才可以更容易地接受和

了解“道”。

世间万物共同蓬勃生长，我从万物的发展和变化中观察其循环往复的运动规律。这样的规律不外乎从生长到死亡，再从死亡到生长；从强到弱，再从弱到强，等等，以此生生不息，在变化中生成一种静态的规律。

万物纷纷纭纭，各自循归其本源。回归本源称之为寂静，仿佛不再运动，而这种寂静就是回归本源的状态。回归本源的状态可能以一种常态出现，它就是一种永恒的规律。能够了解这种永恒的规律才能称得上明智。如果不能了解这种规律而妄想胡作非为的话，就会给自己带来重大的灾难。

认识永恒的规律之后，通常能变得大度。只有拥有广阔心胸的人才能做到大公无私，大公无私才能顾全大局，进而君临天下。君临天下的人才能合乎自然的规律，能够顺从合乎自然的人才算得上得道。真正晓得“道”的真意能终生不受危难的侵害。

简单而言，无论是认识人生哲理，还是认识客观世界，最基本的态度是“致虚”“清静”“归根”“复命”。道的本体是一种虚无的状态，或者说是一种循环往复的运动规律，正因为其生生不息，运作起来才没有穷尽，而将这种规律运用得好，从个人到宇宙都会和谐地运作并长久地存在。

【名家注解】

河上公：

得道之人，捐情去欲，五内清静，至于虚极。守清静，行笃厚。

作，生也。万物并生也。言吾以观见万物无不皆归其本，人当念重其本也。

芸芸者，华叶盛也。言万物无不枯落，各复反其根而更生也。静谓根也。根安静柔弱，谦卑处下，故不复死也。言安静者是为复还性命，使不死也。复命使不死，乃道之所常行也。能知道之所常行，则为明。不知道之所常行，妄作巧诈，则失神明，故凶也。

能知道之所常行，则去情忘欲，无所不包容也。无所不包容，则公正无私，众邪莫当。公正无私，则可以为天下王。治身正则形一，神明千万，共凑已躬也。能王，则德合神明，乃与天通。德与天通，则与道合同也。与道合同，乃能长久。能公能王，通天合道，四者纯备，道德弘远，无殃无咎，乃与天地俱没，不危殆也。

十七章

【原文】

太上①，下知有之；其次，亲之誉之；其次，畏之；其次，侮之。信不足焉，有不信焉。

犹兮②其贵言③。功成事遂，百姓皆谓："我自然④。"

【注释】

①太上：至高无上的，最理想的。这里指统治者治理国家达到最理想的状态。

②犹兮：悠然自得的样子。

③贵言：珍惜、重视言语，引申为不随便发号施令。

④自然：自己本来的样子。

【解析】

统治者治理国家最理想的状态，就是被统治的人民只是知道他的存在而已，这种理想的状态相当于“不治而治”，统治者本身只是一个代表，与人民之间相对平等，没有差别和约束；其次的一种统治状态就是人民都赞誉统治者，认为统治者非常英明，愿意亲近他；再次的统治状态就是人民害怕统治者，这种状态并不理想，统治者可能是采用暴力等非常手段控制人民，但还能够让人民听信或者听从自己的统治；最差的统治状态即是人民反对统治者，甚至反过来侮辱统治者，也就是形成了反抗。一个人如果不守信，失去了信用，那么其他人就不会信任他。

古时候最好的统治模式，就是统治者能够与人民愉快地相处，而不随便向人民发号施令。在遇到困难或者集体做一些事情的时候，即使事情顺利解决，大功告成，统治者也不会向人民居功，百姓也不会特别感激统治者，而是认为：这些都是我们自然做成的。这一种统治状态同样是接近于“道”的统治。

【名家注解】

河上公：

太上，谓太古无名之君也。下知有之者，下知上有君，而不臣事，质朴也。其德可见，恩惠可称，故亲爱而誉之。设刑法以治之。禁多令烦，不可归诚，故欺侮之。君信不足于下，下则应之以不信，而欺其君也。

说太上之君，举事犹犹，贵重于言，恐离道失自然也。谓天下太平也。百姓不知君上之德淳厚，反以为己自当然也。

十八章

【原文】

大道[①]废，有仁义；智慧[②]出，有大伪；六亲[③]不和，有孝慈[④]；国家昏乱，有忠臣。

【注释】

①大道：万物真实的运作规律。

②智慧：这里是贬义词，指为了争夺胜利而做出的虚伪之举。

③六亲：父、母、兄（姐）、弟（妹）、夫（妻）、子女，泛指家人。

④孝慈：孝敬，慈爱。

【解析】

代表世间规律的“大道”被废弃之后，才有了所谓的仁义。那些为了争夺胜利的智巧之举出现之后，才产生了严重的欺诈行为。家人之间失去了和睦，才出现了所谓的父慈子孝。国家的政治陷入混乱，才出现了所谓的忠君爱国之士。

简单而言，如果一切都遵循本源的规律，也就是“道”，那么根本不会出现“仁义”“孝慈”“智慧”等现象，不要以为这些现象是好事，如同前文所言，好与坏是互相依存而出现的，出现了这些看起来好的元素，必然有坏元素相应而生。总之，希望一切能按照本源的规律运作，达到道的状态。

【名家注解】

河上公：

大道之时，家有孝子，户有忠信，仁义不见也。大道废不用，恶逆生，乃有仁义可传道。智慧之君贱德而贵言，贱质而贵文，下则应之以为大伪奸诈。六纪绝，亲戚不合，乃有孝慈相牧养也。政令不行，上下相怨，邪僻争权，乃有忠臣匡正其君也。此言天下太平不知仁，人尽无欲不知廉，各自洁己不知贞。大道之世，仁义没，孝慈灭，犹日中盛明，众星失光。

十九章

【原文】

绝圣弃智①，民利百倍；绝仁弃义，民复孝慈；绝巧弃利，盗贼无有。此三者，以为文②不足，故令有所属③。见素抱朴④，少私寡欲。

【注释】

①智：智巧。

②文：条文，法则。

③属：归属，从属，适从。

④见素抱朴：保持本色。素，指未经染色的棉丝。朴，指未经雕琢的木头。

【解析】

统治者不能自作聪明，而应丢弃那些智巧，这样人民就可以得到百倍的福利。统治者抛弃那些虚伪的仁义，人民就能够重新变得孝敬和慈爱。抛弃巧诈和趋利的思想，盗贼也就不会出现了。以“圣智”“仁义”“巧利”作为治世的法则是远远不够的，这些并非人民内心的基本思想，所以不足以拿来治理天下。

所以，要让人民的思想有所归属：保持纯洁朴实的本性，减少心中不该有的杂念和欲望，摒弃看似聪明的智慧、大度的仁义。

简单而言，统治者应当遵循“道”的思想来统治人民，这样才能给人民带来更好的生活，而人民也应该遵循“道”的思想，这样才能使自己远离不必要的忧患。

【名家注解】

河上公：

绝圣制作，反初守元。五帝画象，仓颉作书，不如三皇结绳无文。弃智慧，反无为。农事修，公无私。绝仁之见恩惠，弃义之尚华言。德化淳也。绝巧者，诈伪乱真也。弃利者，塞贪路闭权门也。上化公正，下无邪私。谓上三事所弃绝也。以为文不足者，文不足以教民。当如下句。见素者，当抱素守真，不尚文饰也。抱朴者，当抱其质朴，以示下，故可法则。少私者，正无私也。寡欲者，当知足也。

二十章

【原文】

绝学，无忧。唯①之与阿②，相去几何？善之与恶，相去何若？人之所畏，不可不畏。荒兮其未央③哉！

众人熙熙，如享太牢④，如春登台，我独怕兮其未兆⑤，如婴儿之未孩⑥，乘乘兮⑦若无所归。

众人皆有余，而我独若遗⑧。我愚人之心也哉，沌沌兮！

俗人昭昭⑨，我独若昏⑩；俗人察察⑪，我独闷闷⑫。

（忽兮若海。漂兮若无所止。⑬）

众人皆有以⑭，而我独顽似鄙。

我独异于人，而贵食母⑮。

【注释】

①唯：恭敬地答应。

②阿：怠慢地答应。

③未央：未尽，没有结束。

④太牢：古代祭祖时，牛、羊、猪三种牲口全部奉出称之为太牢。这里意为丰盛的宴席。

⑤兆：征兆，迹象。

⑥孩：通“咳”，形容婴儿的笑声。

⑦乘乘兮：疲惫的样子。

⑧遗：匮乏，不足。

⑨昭昭：明白事理的样子。

⑩若昏：愚钝、木讷的样子。

⑪察察：严厉、苛刻的样子。

⑫闷闷：淳朴、诚实的样子。

⑬“忽兮”句：这两句与前后文不合，应移至十五章。

⑭有以：有用，有作为。

⑮贵食母：母，指“道”。这里意为以遵守天地大道为贵。

【解析】

除去浮于表面的文化，这样就能避免心生忧患。对发生在自己身上的事情采取顺从的心态和违拗的心态，最终的结果会相差多少？对自己身边的人怀着一颗善良的心或者一颗丑恶的心，其中的差别又有多少？众人往往都畏惧的事物，我的内心也会感到畏惧，因为我与众人有着一样的身体和感知。这种互相对比的风气从远古时期开始就是如此，似乎在后世也会没有尽头地延续下去。

众人熙熙攘攘，兴高采烈，像是去参加丰盛的宴席，又如同春天里登台眺望美景，只有我淡泊明志，没有萌生欲望，反而像婴儿一样不会发出笑声，显得无知、疲惫、慵懒，就像流浪汉一样没有归宿。众人都为自己谋划，打算留下余财，只有我看似毫无智慧，经常穷苦潦倒。我有一颗愚笨之人才有的心啊！

众人都很炫目，唯独我好像迷迷糊糊；众人都活得明明白白，唯独我好像浑浑噩噩。（我就像在无边的海洋上漂泊，没有找到可以安歇的地方。）

世人仿佛都很灵巧，有自己的本领，同时又在发挥自己的作用，只有我愚昧、笨拙，简直一无是处。

但是，我唯一与众人不同的一点，就是我能够领略并回到万物之母的怀抱，真正拥有了“道”。

老子将自己的心态和世俗之人的心态做了众多对比，他揭露了世俗之人追求物质欲望的贪婪心态，并故意以相反而且夸张的比喻描述自己的心态。文中所说的“我”，指老子本人，但又不单单指老子一个人，而是所有拥有“道”的理念和思想的人。文中“愚人之心”其实不是指老子本人，恰恰是指那些混淆了是非、善恶、美丑等概念，被欲望蒙蔽了心志的人。老子期望有更多人在世俗之人追求名利的同时，能够跳出世俗，淡泊明志，追求精神的升华，而不是随波逐流。

【名家注解】

河上公：

绝学不真，不合道文。除浮华则无忧患也。同为应对而相去几何？疾时贱质而贵文。善者称誉，恶者谏诤，能相去何如？

疾时恶忠直，用邪佞也。人谓道人也。人所畏者，畏不绝学之君也。不可不畏，近令色，杀仁贤。言世俗之人荒乱，欲进学为文，未有央止也。熙熙，淫放多情欲也。如饥思太牢之具，意无足时也。春阴阳交通，万物感动，登台观之，意志淫淫然。我独怕然安静，未有情欲之形兆也。如小儿未能答偶人时也。我乘乘如穷鄙，无所归就。

众人余财以为奢，余智以为诈。我独如遗弃，似于不足也。不与俗人相随，守一不移，如愚人之心也。无所分别。

明且达也。如暗昧也。察察，急且疾也。闷闷，无所割截。我独忽忽，如江海之流，莫知其所穷极也。我独漂漂，若飞若扬，无所止也，志意在神域也。

以，有为也。我独无为。似鄙，若不逮也。

我独与人异也。食，用也。母，道也。我独贵用道也。

二十一章

【原文】

孔①德之容②，唯道是从。

道之为物，唯恍唯忽。忽兮恍兮，其中有象③；恍兮忽兮，其中有物。窈④兮冥⑤兮，其中有精⑥；其精甚真，其中有信⑦。

自古及今，其名不去，以阅众甫⑧。吾何以知众甫之然哉？以此⑨。

【注释】

①孔：大。

②容：样子，形状，形态。

③象：形象，具象。

④窈：深远，微不可见。

⑤冥：幽暗，深不可测。

⑥精：精气，最微小的物质实体。

⑦信：可信，相信，真实。

⑧甫：开始，引申为事物的开端。

⑨此：代指“道”。

【解析】

至高至大的德行的形态，应该遵从“道”的意义。

“道”这个物质很难讲得清楚，它是恍恍惚惚、若有若无的。虽然恍恍惚惚，但是其中有某些能够看到的形象；虽然恍恍惚惚，但其中的确存在某些物质。它看似迷离且深不可测，但其中有一些极其微小的气的存在。这些精微的气非常纯真，这些纯真之气是可以相信并验证的。

从当今上溯到远古，它的名字从未泯灭，依据它，才可以更好地审视万物的初始。我是如何了解世间万物最开始的状态的呢？靠的就是这些，也就是一直所讲述的“道”。

其实从第一章开始，老子就提出“道”是宇宙的本源，但究竟“道”是精神还是物质，这也无法考证，无从究问。老子将“道”说得无形无实、无状无象、恍恍惚惚，但又确实存在，而世间万物，包括价值观的产生都是“道”孕育的，所以这里说“德”应该遵循“道”。

【名家注解】

河上公：

孔，大也。有大德之人无所不容，能受垢浊，处谦卑也。唯，独也。大德之人不随世俗所行，独从于道也。

道之于万物，独恍忽往来，而无所定也。道唯忽恍无形，其中独有万物法象。道唯恍忽，其中有一，经营生化，因气立质。道唯窈冥无形，其中有精实，神明相薄，阴阳交会也。

言道精气神妙甚真，非有饰也。道匿功藏名，其信在中也。

自，从也。从古至今，道常在不去。阅，禀也。甫，始也。言道禀与，万物始生，从道受气。吾何以知万物从道受气？此，今也。以今万物皆得道之精气而生，动作起居，非道不然。

二十二章

【原文】

曲则全，枉①则直，洼则盈，弊②则新，少则得，多则惑。

是以圣人抱一③为天下式④。不自见⑤，故明⑥；不自是，故彰；不自伐⑦，故有功；不自矜，故长。

夫唯不争，故天下莫能与之争。古之所谓“曲则全”者，岂虚言哉？诚全而归之。

【注释】

①枉：弯曲，委屈。

②弊：破旧，坏。

③抱一：守道。抱，守。一，这里指“道”。

④式：模式，模范。

⑤见：通“现”，彰显，炫耀。

⑥明：表明，显明，彰显。

⑦伐：夸耀。

【解析】

遇到强大的外力压迫时，始终保持刚直容易被损毁，而选择弯曲才能保全自己，委屈自己后才能再次伸展；低洼的地方反而能够积攒满满的水，东西过于陈旧则会被人翻新或者更新；目标少一点，反而容易完成和收获更多；而追求太多的人往往被自己选定的多个目标所迷惑，不清楚自己真正想要的是什么，以致最终一无所获。

因此，有道的人会坚持以“道”作为基本原则，成为天下万物万事的法式、模范。不自我炫耀的人，反而更加容易被人看到；不自以为是的人，反而更容易名声显赫；不自吹自擂的人，反而更容易功勋卓著；不自高自大的人，反而能达到更高的层次和地位，并且更加长久。

所以，不与他人相争，天下也就没有人能与自己相争。古时候所说的“委曲求全”，也就是委屈自己反而能保全自己，一定不会是空话！它的的确确是可以达到的，所以世人应当懂得并信服这个道理，因为这也是遵从“道”的根本的行为。

简单而言，从生活经验中也完全可以看出“道”的真理和意义所在，在遇到自己无法面对和解决的问题时，可以先采取委屈忍让的方式回避，保全自己的能力，静观其变，找到机会后再采取行动，或者避开锋芒，绕道而行，最终达到自己的目标。引申而言，这是一种辩证的思维，退则是进，舍则是得，屈则是伸，含蓄则是彰显，不争则是争取……当然，在“道”的理论中，万事万物都是在变化中产生的，所以要辩证地看待“进与退”“伸与屈”“争与不争”，见机行事。

【名家注解】

河上公：

曲己从众，不自专，则全其身也。枉，屈也。屈己而伸人，久久自得直也。地洼下，水流之；人谦下，德归之。自受弊薄，后己先人，天下敬之，久久自新也。自受取少则得多也。天道祐谦，神明托虚。财多者惑于所守，学多者惑于所闻。

抱，守也。式，法也。圣人守一，乃知万事，故能为天下法式也。圣人不以其目视千里之外，乃因天下之目以视，故能明达也。圣人不自以为是而非人，故能彰显于世。伐，取也。圣人德化流行，不自取其美，故有功于天下。矜，大也。圣人不自贵大，故能长久不危。

此言天下贤与不肖，无能与不争者争也。传古言曲从则全身，此言非虚妄也。诚，实也。能行曲从者，实其肌体，归之于父母，无有伤害也。

二十三章

【原文】

希言[①]自然。飘风[②]不终朝，骤雨[③]不终日。孰为此者？天地。天地尚不能久，而况于人乎？

故从事于道者，道者同于道，德者同于德，失[④]者同于失。同于道者，道亦乐得之；同于德者，德亦乐得

之；同于失者，失亦乐失之。

（信不足焉，有不信焉。⑤）

【注释】

①希言：少说话。这里指统治者尽量少发号施令，尽量与民休息。

②飘风：大风，强风。

③骤雨：大雨，暴雨。

④失：失道或者失德。

⑤“信不足”句：这两句与前文不合，而且十七章已出现过，疑原资料有误。

【解析】

当政者应当尽可能少地对民众发号施令，这样的统治方式才是合乎大道的，同时也能够治理得更加长久。

就像狂风肆虐但不会持续整个早上的时间，暴雨倾盆但不会持续一整天的时间一样，是谁造成这种现象的呢？应当是天地。天与地都不能做到长盛不衰，更何况是普通的人呢？

所以出现了积极修道的人，这样的人才能与大道合为一体；而勤于修身养德的人才能与高尚的德行合为一体；失道和失德的人则要承担自己失去道、德的后果。与大道合为一体的人，大道也同样愿意帮助其成功；与德行合为一体的人，德行也会愿意帮助其成功；而那些失道和失德的人，道与德也会任由其走向失败。

（诚信不足和屡屡失信的人，最终将没有人愿意对他付诸信任。）

这一章继十七章之后再次提出“希言”的重要性。

言，表面意义是语言、说话，延伸而论则是统治者对人民施用的政教和法令。文中以狂风暴雨作为比喻，是告知统治者不要对人民强加干涉或者施以暴行，而是要采取“清静无为”的方式来治理天下，如此才符合自然和道的规律，才能长久。

一个人无论是平民还是统治者，往好的方面去想去做，好事也愿意成就你；往不好的方向去想去做，好事则会远离你。

【名家注解】

河上公：

希言者，谓爱言也。爱言者自然之道。飘风，疾风也。骤雨，暴雨也。言疾风不能长，暴雨不能久也。孰，谁也。谁为此飘风暴雨者乎？天地所为。不能终于朝暮也。天地至神，合为飘风暴雨，尚不能使终朝至暮，何况于人欲为暴卒乎？

从，为也。人为事当如道安静，不当如飘风骤雨也。道者谓好道之人也。同于道者，所为与道同也。德者谓好德之人也。同于德者，所为与德同也。失谓任己而失人也。同于失者，所为与失同也。与道同者，道亦乐得之也。与德同者，德亦乐得之也。与失同者，失亦乐失之也。

君信不足于下，下则应君以不信也。此言物类相从，同声相应，同气相求。云从龙，风从虎，水流湿，火就燥，自然之数也。

二十四章

【原文】

跂企[①]者不立，跨[②]者不行。自见者，不明；自是者，不彰；自伐者，无功；自矜者，不长。

其于道也，曰："余食赘行[③]。"物[④]或恶之，故有道者不处也。

【注释】

①跂：踮脚，提起脚跟，脚尖着地。

②跨：跨越，越过，大步而行。

③余食赘行：吃剩的食物成为身上的赘疣，比喻令人讨厌却难以轻易丢弃的东西。赘行，通"赘形"，多指赘瘤。

④物：鬼神。

【解析】

想要踮起脚跟站得更高的人，反而会站不稳；不想稳步前进，而想着跳跃式前进的人，反而无法走得又快又远；常常炫耀自己高明的人，反而让别人无法看到他的高明所在；总是自以为是的人，他的优点反而无法真正地得到彰显；自吹自擂的人，反而没有人会承认他的功绩；自我膨胀的人，也难以成为领袖。

这些行为和情景，如果用"道"来衡量，可以说就像残羹剩饭和我们身上的赘肉一样。残羹剩饭让人感觉恶心，赘瘤让人感觉丑陋，而一个人越是拿这些来美化自己、成就自己，得到的结果越是不理想，连鬼神都会厌恶。一个真正懂得“道”的人，是绝对不会这样做的。

凡事不能冒进，轻浮急躁的行为是违反自然运作规律的，也许能在短时间内取得一点成效，但必然不会长久，甚至会得到加倍的失败。对当政者而言，雷厉风行的措施往往不受大多数人的支持；对个人而言，急功近利也必然会一无所有。

【名家注解】

河上公：

跂，进也。谓贪权慕名，进取功荣，则不可久立身行道也。自以为贵而跨于人，众共蔽之，使不得行。人自见其形容以为好，自见其所行以为应道，殊不自知其形容丑而操行之鄙。自以为是而非人，众共蔽之，使不得彰明。所为辄自伐取其功美，即失有功于人也。好自矜大者，不可以长久。

赘，贪也。使此自矜伐之人，在治国之道，日赋敛余禄食以为贪行。此人在位，动欲伤害，故物无有不畏恶之者。言有道之人不居其国也。

二十五章

【原文】

有物混成[①]，先天地生。寂兮寥兮[②]，独立而不改[③]，周行而不殆[④]，可以为天下母。吾不知其名，字[⑤]之曰“道”，强为之名曰“大”[⑥]。大曰“逝”[⑦]，逝曰“远”，远曰“反”[⑧]。

故道大，天大，地大，王亦大。域中[⑨]有四大，而王居其一焉。

人法[⑩]地，地法天，天法道，道法自然。

【注释】

①混成：自然生成，指最初时期的浑朴状态。

②寂兮寥兮：形容“道”无声无形。

③不改：不改变自己，有永恒性和绝对性。

④殆：停息。

⑤字：命名。

⑥大：形容“道”广阔无边，力量无穷。

⑦逝：形容“道”流转不息，永不停止。

⑧反：返回原点，回到原始状态。

⑨域中：天地间，宇宙中。

⑩法：效法，这里引申为遵从，任由。

【解析】

有种东西是自然生成的，它在天地形成之前就已经存在了。它没有声音也没有具体的形象。它不依靠任何外力而独立存在，并周而复始地运行，从不停息。它甚至可以作为世间万物的母体。我并不知道它真实的名字是什么，勉强将它命名为“道”，勉强地形容它、描述它是广大无边的，广大无边的同时还运行不息，运行不息的同时还深远无际，深远无际的同时还会返回其本源。

所以说，道大，天大，地大，王也大。在天地间共有四者最大，而王就是其中之一。

人向大地取法，学习它的朴实厚德；地向天空取法，学习它的高明宽广；天向道取法，学习它的本源创生；道则向自然取法，遵从自然的规律而行事。

“道”是一种浑朴状态，也是一个和谐的整体，由不同因素构成，同时又孕育出世间万物。而“道”的本性是独一无二的，是不依靠一切而独立存在的，同时又不会因为任何外物而改变自己。

【名家注解】

河上公：

谓道无形，混沌而成万物，乃在天地之前。寂者无音声，寥者空无形，独立者无匹双，不改者化有常。道通行天地，无所不入，在阳不焦，托阴不腐，无不贯穿，而不危殆也。道育养万物精气，如母之养子。我不见道之形容，不知当何以名之，见万物皆从道所生，故字之曰道也。不知其名，强名曰大。大者高而无上，罗而无外，无不包容，故曰大也。其为大，非若天常在上，非若地常在下，乃复逝去，无常处所也。言远者，穷乎无穷，布气天地，无所不通也。言其远不越绝，乃复反在人身也。

道大者，包罗天地，无所不容也。天大者，无所不盖也。地大者，无所不载也。王大者，无所不制也。域中有四大，道、天、地、人也。凡有称有名，则非其极也。言道则有所由，有所由然后谓之为道，然则是道称中之大也，不若无称之大也，无称不可而得为名，曰域也。天地人皆在乎无称之内也，故曰域中有四大者也。八极之内有四大，王居其一也。

人当法地安静和柔，种之得五谷，掘之得甘泉，劳而不怨，有功而不置也。天澹泊不动，施而不求报，生长万物，无所收取。道清静不言，阴行精气，万物自成也。道性自然，无所法也。

二十六章

【原文】

重为轻根[①]，静为躁君[②]。是以圣人[③]终日行，不离辎重[④]。

虽有荣观[⑤]、燕处[⑥]，超然。奈何万乘之主[⑦]，而以身轻天下？

轻则失臣，躁则失君。

【注释】

①根：根本，根基。

②君：统治者，主宰。

③圣人：品德高尚的人，有道的人。这里指理想的君主。

④辎（zī）重：军队中载运器械、粮食的车辆。

⑤荣观：贵族游玩的地方，这里指华美的生活。

⑥燕处：安然处之，安居之地。

⑦万乘之主：有万辆兵车的大国之主。乘，古代兵车的数量单位。

【解析】

稳重是轻浮的根本，宁静是躁动的主宰。因此，德行再理想的君主，如果整日奔走，也离不开装载着食物和衣服的车辆。

虽然享受着华美的生活，却能够保持一颗安然的心，达到超然物外的境界。可为什么拥有强大实力的君主，还会以轻率的态度处理天下的大事呢？

轻率浮夸会失去稳重的根基，而急躁妄动则会丧失主宰天下的宁静之心。

重与轻，静与动是两个对立的存在，然而老子却认为矛盾双方定然有一方是根本所在。在轻重关系中，重是轻的根本，如果只重视轻而忽略了重，会失去根本，整个矛盾依存的系统也就破灭了，静与动的道理也是如此。

这一观点是为其政治观点服务的。老子认为，很多大国统治者所享有的骄奢淫逸的生活、所推行的霸权式统治就是轻浮和躁动，必然会使他们失去稳重和宁静这一治国的根本，国家定然不会长久。如果遵守大道，以静与重为本，则国泰民安。

【名家注解】

河上公：

人君不重则不尊，治身不重则失神，草木之花叶轻故零落，根重故长存也。人君不静则失威，治身不静则身危。龙静故能变化，虎躁故夭亏也。辎，静也。圣人终日行道，不离其静与重也。

荣观谓宫阙。燕处，后妃所居也。超然，远避而不处也。奈何者，疾时主伤痛之辞。万乘之主谓王者。王者至尊，而以其身行轻躁乎？疾时王奢恣轻淫也。

王者轻淫则失其臣，治身轻淫则失其精。王者行躁疾则失其君位，治身躁疾则失其精神。

二十七章

【原文】

善行，无辙迹[①]；善言，无瑕谪[②]；善计，不用筹策[③]；善闭，无关楗[④]而不可开；善结，无绳约[⑤]而不可解。

是以圣人常善救[⑥]人，故无弃人[⑦]；常善救物，故无弃物。是谓“袭明”。

故善人者，不善人之师；不善人者，善人之资[⑧]。不贵其师，不爱其资，虽智大迷，是谓“要妙”。

【注释】

①辙迹：车轮碾过后留下的痕迹。

②瑕谪：美玉上的瘢痕，引申为瑕疵、缺憾。

③筹策：古代计算时使用的工具。

④关楗：门闩。横的称之为“关”，竖的称之为“楗”。

⑤绳约：用绳捆绑，引申为束缚、约束。

⑥救：阻止，挽救，帮助。

⑦弃人：无用之人。

⑧资：借鉴。

【解析】

善于行走的，不会留下行走的痕迹；擅长于言谈的人，在说的时候没有任何瑕疵；善于计算的人，在做算术的时候不必借助计算工具；善于守护门户的人，不用门闩也不会让他人轻易打开门户；善于捆绑的人，不用绳索打结，别人也很难解开。

因此，圣人总是善于人尽其才，在圣人眼里没有无用之人；圣人也总是善于物尽其用，所以在他眼中没有无用之物。这是一种承载的大智慧，也是一种深藏不露的智慧。

因此，善人可以作为不善之人的老师，而不善之人可以帮助善人自我反省。常人如果不把那些善人当作自己的老师，也不借鉴那些不善的人的经验、教训，即使本人非常聪慧，也会变糊涂。这就是精深微妙的道理所在。

老子将“自然无为”扩展到更广泛的生活领域，以“善行”“善言”“善数”等例子，说明只要善于行不言之教，善于处无为之政，符合自然的“道”的规律，那么不需要花费太多的力气就能取得不错的效果，最终做到“人尽其才，物尽其用”。

【名家注解】

河上公：

善行道者求之于身，不下堂，不出门，故无辙迹。善言谓择言而出之，则无瑕疵谪过于天下。善以道计事者，守一不移，所计不多，则不用筹策而可知也。善以道闭情欲、守精神者，不如门户有关楗可得开。善以道结事者，乃可结其心，不如绳索可得解也。

圣人所以常教人忠孝者，欲以救人性命，使贵贱各得其所也。圣人所以常教民顺四时者，欲以救万物之残伤。圣人不贱石而贵玉，视之如一。圣人善救人物，是谓袭明大道。

人之行善者，圣人即以为人师。资，用也。人行不善者，圣人犹教导使为善，得以给用也。独无辅也，无所使也，虽自以为智，言此人乃大迷惑。能通此意，是谓知微妙要道也。

二十八章

【原文】

知其雄[①]，守其雌[②]，为天下豀[③]。为天下豀，常德不离，复归于婴儿。

知其白，（守其黑，为天下式。为天下式，常德不忒[④]，复归于无极[⑤]。知其荣，）守其辱，为天下谷[⑥]。为天下谷，常德乃足，复归于朴。

朴散则为器[⑦]，圣人用之则为官长，故大制不割[⑧]。

【注释】

①雄：刚劲，强大。

②雌：柔弱，谦下。

③豀（xī）：通“溪”，溪谷，溪涧。

④忒：过失。

⑤无极：永恒真理，宇宙的原始状态。括号中的六句疑

为后人所加。

⑥谷：山谷，深谷。比喻胸怀宽广。

⑦器：器物。代指万事万物。

⑧割：割裂，损害。

【解析】

了解强盛的道理，却能安然处于柔弱的位置，做天下的溪谷，容纳万物；做天下的溪谷，自身就能具备常理与正德，归回婴儿般纯洁的状态。

懂得清明的德行，（却能安然处于幽暗的地方，做天下的榜样，如此就能保持美德而没有过失，回归宇宙的原始状态。深知荣耀的道理，）却能安然地处于卑下的地位，做天下的深谷；做天下的深谷，就能修缮常理与德行，返璞归真。

质朴的状态分散后往往能聚合成具体的事物，有“道”的人依据这一原则沿用质朴，就能超越群伦。因此，完善的政治也是不可损害和分割的。

真正懂得一些道理的人往往会做出不同的事情，真正知道“雄”的人，则会安然地选择“雌”。引申到生活和政治中，就是一个真正懂得什么是财富的人，往往不会过多地拥有和触碰世人所能看到的财富（金钱），而是与财富保持距离；一个真正懂得治理国家的领袖，往往不会特意采取什么措施和法令，而是选择无为而治。这又再次回到老子所说的“道”的意义，也就是回归自然、顺从自然的状态，这样才是真正地拥有智慧。

【名家注解】

河上公：

雄以喻尊，雌以喻卑。人虽自知其尊显，当复守之以卑微，去雄之强梁，就雌之柔和，如是则天下归之，如水流入深谿也。人能谦下如深谿，则德常在，不复离于己。当复归志于婴儿，蠢然而无所知也。

白以喻昭昭，黑以喻默默。人虽自知昭昭明白，当复守之以默默，如暗昧无所见，如是则可为天下法式，其德常在。人能为天下法式，则德常在于己，不复差忒。德不差忒，则长生久寿，归身于无穷极也。荣以喻尊贵，辱以喻污浊。人能自知己之有荣贵，当复守之以污浊，如是则天下归之，如水流入深谷也。足，止也。人能为天下谷，则德乃常止于己。复当归身于质朴，不复为文饰。

器，用也。万物之朴散则为器用，若道散则为神明，流为日月，分为五行也。圣人升用则为百官之元长也。圣人用之则以大道制御天下，无所伤割。治身则以大道制御情欲，不害精神也。

二十九章

【原文】

将欲取①天下，而为②之，吾见其不得已③。天下神器④，不可为也，不可执⑤也。为者败之，执者失之。

故物⑥或行或随，或响⑦或吹⑧，或强或羸，或载或隳⑨。是以圣人去甚，去奢，去泰⑩。

【注释】

①取：治理。

②为：指强行去做。

③不得已：无法办到。

④神器：神圣的事物。

⑤执：掌握，控制。

⑥物：代指世间万物。

⑦呴：张口呼吸。

⑧吹：急速地吐气。

⑨隳（huī）：危险。

⑩甚、奢、泰：甚，极端。奢，奢侈。泰，过度。

【解析】

想把天下治理好，却使用强硬的手段，我认为这根本不可能成功。天下可以看作是一种神圣的“物”，不能够使用强制的手段去改变它。如果企图强行改变它，必然会失败；如果企图强行控制它，必然会失去。

天下万物，有的会向前运行，有的会向后倒退；有的缓慢，有的急进；有的强壮，有的羸弱；有的安然生存，有的濒临危险。因此，圣人一定要摆脱“走极端”“奢侈”“过度”等思维和行为习惯。

也就是说，治理天下不能按照一己私欲一意孤行，更不能为了实现自己的愿望而为所欲为。天下万物千姿百态，不能按照统一的标准去衡量，更不能制定严酷的法令，这些都是“有为”，是不对的，最终的结果往往适得其反。最正确的治国之道是“无为”，是顺其自然。无为则一切都会按照“道”运作，从而达到无为而治。

【名家注解】

河上公：

欲为天下主也。欲以有为治民。我见其不得天道人心已明矣。天道恶烦浊，人心恶多欲。器，物也。人乃天下之神物也，神物好安静，不可以有为治。以有为治之，则败其质朴。强执教之，则失其情实，生于诈伪也。

上所行，下必随之也。呴，温也。吹，寒也。有所温必有所寒也。有所强大，必有所羸弱也。载，安也。隳，危也。有所安必有所危，明人君不可以有为治国与治身也。甚谓贪淫声色，奢谓服饰饮食，泰谓宫室台榭。去此三者，处中和，行无为，则天下自化。

三十章

【原文】

以道佐人主者，不以兵强天下。其事好还[①]。师[②]之所处，荆棘生焉。大军之后，必有凶年[③]。

善者果[④]而已，不敢以取强。果而勿矜，果而勿伐，果而勿骄，果而不得已，果而勿强。

物壮则老，是谓不道，不道早已。

【注释】

①还：归还，返还。这里指报应。

②师：部队。这里指行军。

③凶年：荒年。

④果：结果。这里指胜利的结果。

【解析】

用“道”辅佐君王的人，不会依靠军队去强行征服天下。征服天下这件事情总是反复为征服者们带来应有的报应。军队所到的地方，总是布满荆棘。军队征战完毕，也总会有令世人难以生存的荒年。

善于用兵的人，只求达到胜利的结果罢了，不敢凭借自己的武力称霸。胜利之后不要自负，同样不要炫耀，更不要骄傲自满，胜利是不得已而为之的事情，胜利后就不要再恃强凌弱了。

每一件事物发展到强盛的时候就开始转向衰老，这就是没有遵循“道”，不遵循“道”就很容易提前走向消亡。

虽然打仗有胜有败，但其实胜方和败方都是受害者，因为天理是循环的，双方都要为战争付出代价。另一方面，对胜利者而言，虽然已经是强者，但是强并不是永恒的，如果在胜利后能够收敛还好，如果变得自高自大，只会加快由盛转衰的进程。

【名家注解】

河上公：

谓人主能以道自辅佐也。以道自佐之主，不以兵革，顺天任德，敌人自服。其举事好还自责，不怨于人也。农事废，田不修。天应之以恶气，即害五谷，五谷尽则伤人也。

善用兵者，当果敢而已，不美之。不以果敢取强大之名也。当果敢谦卑，勿自矜大也。当果敢推让，勿自伐取其美也。骄，欺也。果敢，勿以骄欺人。当果敢至诚，不当偪迫不得已也。果敢，勿以为强兵坚甲以侵凌人也。

草木壮极则枯落，人壮极则衰老也。言强者不可以久。枯老者，坐不行道也。不行道者早死。

三十一章

【原文】

夫佳兵[①]者，不祥之器，物或恶之，故有道者不处[②]。

君子居则贵左[③]，用兵则贵右。兵者，不祥之器，非君子之器，不得已而用之，恬淡为上。胜而不美，而美之者，是乐杀人。夫乐杀人者，则不可以得志于天下矣。

吉事尚左，凶事尚右。偏将军居左，上将军居右，言以丧礼处之。杀人之众，以悲哀泣之；战胜，以丧礼处之。

【注释】

①兵：兵器，武器。也指武力。

②处：接近，接纳。

③贵左：古人以左为阳，右为阴，阳主生，阴主杀。尚左、尚右、居左、居右都是古人的礼仪。

【解析】

兵器，并非吉祥的器具，连鬼神都会厌恶它，因此有“道”的人是不会接近甚至使用它的。

君子平时以左为贵，而用兵的人则以右为贵，也就是说有“道”的人主张“生”，而用兵的人主张“杀”。

兵器是不吉祥的器具，并非君子所用的器具，如果需要使用，也一定是不得已才会用它；而使用的时候，也是以宁静安适为上，不会狂乱。君子使用武器，即使获得胜利，也不会赞美胜利；如果是会赞美胜利的人，那就是喜欢杀人的人。那些喜欢杀人的人，是不可能实现自己统治的愿望的。

吉祥的事情以左为上，而凶丧的事情以右为上。偏将军身居左侧，而上将军身居右侧，这说明行军打仗就是以丧礼的仪式进行的。杀了太多的人，要悲伤地哭泣，以祭奠死者；战斗取得了胜利，也要像操办丧礼一样难过。

兵器是凶器，战争是带来灾难的，所以行“道”的人应该恬淡虚静，即使是拿起兵器进行自卫战争，也是不得已的事情。而一旦出兵打仗，一切都是悲哀的，所以要以丧礼的形式对待战争结果。

【名家注解】

河上公：

佳，饰也。祥，善也。兵者惊精神，浊和气，不善之器，不当修饰之。兵动则有所害，故万物无有不恶之者。有道之人不处其国。

贵柔弱也。贵刚强也。此言兵道与君子之道反，所贵者异也。兵革者，不善之器也，非君子所贵重之器也。谓遭衰逆乱祸，欲加万民，乃用之以自守。不贪土地，不利人财宝。虽得胜而不以为利美也。美得胜者，是为喜乐杀人者也。为人君而乐杀人者，此不可使得志于天下矣。为人主必专制人命，妄行刑诛。

左，生位也。阴道杀人。偏将军卑而居阳位，以其不专杀也。上将军尊而居阴位，以其专主杀也。上将军居右，丧礼尚右，死人贵阴也。伤已德薄，不能以道化人而害无辜之民。古者战胜，将军居丧主礼之位，素服而哭之，明君子贵德而贱兵，不得已而诛不祥，心不乐之，比于丧也。知后世用兵不已，故悲痛之。

三十二章

【原文】

道常无名，朴①虽小②，天下不敢臣。侯王若能守之，万物将自宾③。

天地相合，以降甘露，民莫之令而自均。

始制有名。名亦既有，天亦将知之。知之，所以不殆。譬道之在天下，犹川谷之与江海。

【注释】

①朴：质朴，形容“道”的原始状态。

②小：隐微，形容“道”隐而不见。

③宾：臣服。

【解析】

“道”一直没有名字和形状，但它一直处于一种质朴的状态。它虽然隐微不可见，但这个世间没有什么人能够使它臣服。如果侯王能够懂得并遵守“道”，那么世间万物都会臣服在他的脚下。

天地阴阳交合的时候，就会降下甘露，没有谁能够命令它，但是它会自然而均匀。

万物生长之后，也就有了自己的名字，既然名称已经有了，也就知道彼此之间的界线，知道界线后不去逾越也就不会出现危险了，就像“道”与天下的关系如同大海与山川谷壑的关系一样。

简单而言，河流终会流入大海，而天下终会归于“大道”，所以万物在了解了自己的名字和界线之后，应该遵守其道，这样也就不会出现危险了。这正是“质朴的道”的含义。

【名家注解】

河上公：

道能阴能阳，能弛能张，能存能亡，故无常名也。道朴虽小，微妙无形，天下不敢有臣使道者也。侯王若能守道无为，万物将自宾服，从于德也。

侯王动作能与天相应和，天即降下甘露善瑞也。天降甘露善瑞，则万物莫有教令之者，皆自均调若一也。

始，道也。有名，万物也。道无名，能制于有名；无形，能制于有形也。既，尽也。有名之物，尽有情欲，叛道离德，故身毁辱也。人能法道行德，天亦将自知之。天知之，则神灵祐助，不复危殆。譬言道之在天下，与人相应和，如川谷与江海相流通也。

三十三章

【原文】

知人者智，自知者明。

胜人者有力，自胜者强[①]。

知足者富。

强行[②]者有志。

不失其所[③]者久。

死而不亡者寿。

【注释】

①强：刚强，果决。

②强行：持之以恒，坚持不懈。

③所：根本，引申为自己的原则，深一层为“道”。

【解析】

能够了解他人的人是智慧的，能够了解自己的人是明智的。

能够战胜他人的人是有能力的，而能够战胜自己的人则是刚强的。

懂得满足的人更加富有。

持之以恒的人拥有不灭的意志。

不丢失自己的原则和“道”的人才能够在天地间长久存在。

身体陨灭而精神长存的人才算得上是真正的长寿。

综合来说，一个人的强大和智慧，是从自己的角度出发的，了解自己、战胜自己才能不断进步，走向人生更高的境界。所以一个人应当自省，提高精神追求，让自己的思想更接近“道”，这样才有可能在天地间长存（因为道是长存的）。

【名家注解】

河上公：

能知人好恶，是为智。人能自知贤与不肖，是为反听无声，内视无形，故为明也。

能胜人者，不过以威力也。人能自胜己情欲，则天下无有能与己争者，故为强也。

人能知足，则长保福禄，故为富也。

人能强力行善，则为有意于道，道亦有意于人。

人能自节养，不失其所受天之精气，则可以长久。

目不妄视，耳不妄听，口不妄言，则无怨恶于天下，故长寿。

三十四章

【原文】

大道氾[①]兮，其可左右。万物恃之而生，而不辞。功成而不名有[②]。爱养万物而不为主。常无欲，可名于“小[③]”。万物归焉而不为主，可名为“大[④]”。是以圣人终不为大，故能成其大。

【注释】

①氾（fàn）：通“泛”，广泛。

②有：据为己有。

③小：渺小。“道”任由万物生长，自然无为，因此称其为“小”。

④大：伟大。“道”无私地养育万物，是万物之母，因此称其为“大”。

【解析】

大道是普遍存在的，而且能左能右。世间万物依靠着大道生存而不推辞，同时大道也成就世间万物而不将其据为己有。大道的恩泽惠及万物，而大道却没有成为万物的主宰，因此可以说大道一点也不自私，仿佛是很渺小的；万物都归附大道，大道依然不把自己当成它们的主人，这种胸怀可以说是非常伟大的。由于“道”始终不以自己为尊，所以能够成就自己的博大。

老子表面上是在解析“道”，其实是在阐述治国之道和为人处世的方式。在人没有私欲、顺其自然、不争不取的时候，万物反而会主动成就他。

【名家注解】

河上公：

言道汜汜，若浮若沉，若有若无，视之不见，说之难殊。道可左可右，无所不宜。恃，待也。万物皆待道而生。道不辞谢而逆止也。有道不名其有功也。道虽爱养万物，不如人主有所收取。道匿德藏名，怕然无为，似若微小也。万物皆归道受气，道非如人主有所禁止也。万物横来横去，使名自在，故可名于大也。圣人法道，匿德藏名，不为满大。圣人以身帅导，不言而化，万事修治，故能成其大。

三十五章

【原文】

执大象[①]，天下往[②]。往而不害，安平泰[③]。

乐与饵[④]，过客止。道之出口，淡乎其无味，视之不足⑤见，听之不足闻，用之不足既⑥。

【注释】

①象：道。

②往：归往，归附。

③安平泰：就会和平、安定。安，则，就。

④乐与饵：音乐与美食。饵，泛指美味的食物。

⑤足：可以，能够。

⑥既：尽。

【解析】

执守大道，天下万物都会来归附。归附之后而不互相伤害，就会和平、安定。

好听的音乐和美味的食物，能够留住过往的客人。而口中讲述的“道”，似乎是那样淡而无味，想看看它又看不到，想听听它的声音也听不到，但使用它的时候是用之不尽的。

道的真意，在于它无色、无味、无声、无形，但恰恰也取之不尽，用之不竭。平淡而无穷，这正是万物所体现的“道”的意义。

【名家注解】

河上公：

执，守也。象，道也。圣人守大道，则天下万民移心归往之也。治身则天降神明，往来于己也。万民归往而不伤害，则国安家宁而致太平矣。治身不害神明，则身安而大寿也。

饵，美也。过客，一也。人能乐美于道，则一留止也。一者去盈而处虚，忽忽如过客。道出入于口，淡淡，非如五味有酸咸苦甘辛也。足，得也。道无形，非若五色有青黄赤白黑可得见也。道非若五音有宫商角徵羽可得听闻也。既，尽也。谓用道治国，则国富民昌，治身则寿命延长，无有既尽之时也。

三十六章

【原文】

将欲歙[1]之，必固[2]张[3]之；将欲弱之，必固强之；将欲废之，必固兴之；将欲夺之，必固与之。是谓“微明[4]”。

柔弱胜刚强。

鱼不可脱于渊，国之利器[5]不可以示[6]人。

【注释】

①歙（xī）：收敛。

②固：通“姑”，暂且。

③张：扩张。

④微明：微妙与明通，隐微而显明。

⑤利器：锐利的武器，这里指国家的赏罚和权谋。

⑥示：显示，引申为炫耀。

【解析】

要想使它（人或事物）收敛，必定暂且使它扩张；要想使它弱小，必定暂且使它强大；要想废除它，必定暂且使它兴盛；要想夺取它拥有的什么东西，必定暂且给予它某些东西。这就是所谓的“微妙、明通”的道理。

柔弱能战胜刚强。

鱼儿不能离开它生活的深潭，国家也不能轻易地把赏罚的策略和权谋拿出来炫耀。

事物的两重性和矛盾性总是在互相转化，“盛极转衰”“物极必反”“否极泰来”……都是道的体现和自然规律。人们应当抓住这个规律来顺应“道”，同时警醒自己不要把好的东西拿出来炫耀，否则极盛的时刻也代表着衰退的时刻。

【名家注解】

河上公：

先开张之者，欲极其奢淫。先强大之者，欲使遇祸患。先兴之者，欲使其骄危。先与之者，欲极其贪心。此四事，其道微，其效明也。

柔弱者久长，刚强者先亡也。

鱼脱于渊，谓去刚得柔，不可复制也。利器者，谓权道也。治国权者，不可以示执事之臣也。治身道者，不可以示非其人也。

三十七章

【原文】

道常无为，而无不为。

侯王若能守[①]之，万物将自化[②]。化而欲作[③]，吾将镇之以无名之朴[④]。无名之朴，亦将不欲。不欲以静，天下将自正[⑤]。

【注释】

①守：遵循。

②自化：自己成长、变化。

③欲作：产生欲望。

④朴：形容“道”的质朴。

⑤正：安定。

【解析】

“道”总是顺应自然，不会妄为，所以才能够无所不为。

如果侯王能够遵循“道”的原则，世间万物就可以自己孕育、生长、变化。如果万物自己生长、变化后产生了自私的欲望，我将用“道”的质朴去震慑它。用“道”的质朴震慑它后，它就不会产生自私的欲望了。一旦没有欲望，它将变得宁静，这样整个天下也就会安定了。

作为道经的最后一章，老子把第一章“道”的概念落实到了他心中理想的社会和政治——自然无为之中。统治者遵循“道”，让万物顺其自然，那么万物将还给统治者一片安定的天下。

【名家注解】

河上公：

道以无为为常也。

言侯王若能守道，万物将自化效于己也。吾，身也。无名之朴，道德也。万物已化效于己，复欲作巧伪者，侯王当身镇抚以道德也。言侯王镇抚以道德，民亦将不欲，故当以清静导化之也。能如是者，天下将自正定也。

下篇　德经

三十八章

【原文】

上[①]德不德，是以有德；下[②]德不失德，是以无德。

上德无为，而无以为[③]；下德为之，而有以为。

上仁为之，而无以为；上义为之，而有以为。

上礼为之，而莫之应，则攘[④]臂而仍[⑤]之。

故失道而后德，失德而后仁，失仁而后义，失义而后礼。夫礼者，忠信之薄，而乱之首。

前识者[⑥]，道之华，而愚之始。是以大丈夫处其厚[⑦]，不处其薄；处其实，不处其华。故去彼取此。

【注释】

①上：推崇，以之为上。

②下：贬抑，以之为下。

③无以为：无意作为，无所企图。

④攘：伸出。

⑤仍：引，拽。

⑥前识者：有先见之明的人。

⑦处其厚：立身敦厚。

【解析】

推崇仁德的人不去特意修缮德行，却拥有高尚的品德；贬低仁德的人即使看起来没有丢掉德行，但实际上已经丧失了品德。

推崇仁德的人顺应自然而无所作为，而贬低仁德的人有心作为而有所作为。

推崇仁爱的人有心作为而无所作为；推崇道义的人有心作为而有所作为。

推崇礼仪的人有心作为之后没有人回应，就用手用力拽别人，强迫其服从。

所以，失去“道”之后有了仁德，失去仁德之后有了仁爱，失去仁爱之后有了道义，失去道义之后有了礼仪。礼仪，是缺乏忠信和诚实的产物，也是祸乱的开始。

有先见之明的人，不过是“道”的虚华，愚昧的开始罢了。所以，大丈夫立身敦厚，而不居于浅薄；为人朴实，而不注重浮华。要去除浅薄虚华，保留敦厚朴实。

“德”有上、下的区别，“上德”符合“道”的思想。换句话说，“道”是一种规律，无法言明，而“德”则是人们按照“道”的规律办事，是“道”在世间的体现。

【名家注解】

河上公：

上德谓太古无名号之君，德大无上，故言上德也。不德者，言其不以德教民，因循自然，养人性命，其德不见，故言不德也。言其德合于天地，和气流行，民德以全也。下德谓号谥之君，德不及上德，故言下德也。不失德者，其德可见，其功可称也。以有名号及其身，故无德也。

谓法道安静，无所施为也。言无以名号为也。言为教令，施政事也。言以为己取名号也。

上仁谓行仁之君，其仁无上，故言上仁也。为之者，为仁恩也。功成事立，无以执为。为义以断割也。动作以为己，杀人以成威，贼下以自奉也。

谓上礼之君，其礼无上，故言上礼。为之者，言为礼制度，序威仪也。言礼华盛实衰，饰伪烦多，动则离道，不可应也。言礼烦多不可应，上下忿争，故攘臂相仍引。

言道衰而德化生也。言德衰而仁爱见也。言仁衰而分义明也。言义衰则施礼聘、行玉帛也。言礼废本治末，忠信日以衰薄。礼者贱质而贵文，故正直日以少，邪乱日以生。

不知而言知为前识，此人失道之实，得道之华。言前识之人，愚暗之倡始也。大丈夫谓得道之君也。处其厚者，谓处身于敦朴。不处身违道，为世烦乱也。处忠信，不尚华言也。去彼华薄，取此厚实。

三十九章

【原文】

昔之得一[①]者，天得一以清，地得一以宁，神得一以灵，谷得一以盈，万物得一以生，侯王得一以为天下正[②]。

其致之[③]，天无以清将恐裂，地无以宁将恐废[④]，神无以灵将恐歇[⑤]，谷无盈将恐竭[⑥]，万物无以生将恐灭，侯王无以贵高将恐蹶[7]。

故贵必以贱为本，高必以下为基。是以侯王自称孤、寡、不毂。此非以贱为本耶？非乎！故致数车无车，不欲琭琭[8]如玉，落落[9]如石。

【注释】

①一：即“道”。

②正：首领。

③其致之：推而言之。

④废：荒废，引申为崩塌。

⑤歇：停歇，停止，引申为灭绝。

⑥竭：枯竭。

⑦蹶：跌倒，此处指垮台。

⑧琭琭：有光泽的样子，形容美玉。

⑨落落：坚硬的样子，形容石头。

【解析】

以往得到过“道”的：天得道则清明，地得道则安宁，神得道则显灵，山谷得道则充盈，万物得道则可以生长，侯王得道则能够成为天下的首领。

以此推而言之，天如果不清明，就会崩裂；地如果不宁静，就会崩塌；神如果不显灵，就会消亡；山谷如果不充盈，就会枯竭；万物如果不生长，就会灭绝；侯王如果不能成为首领，政权就会旁落。

所以，贵以贱作为根本，高以下作为基础。侯王自称“孤、寡人、不毂”，这难道不是以低贱作为根本？是的！所以，至高的荣誉是不需要赞誉的，得“道”的人不愿做光彩的美玉，而愿意成为坚硬普通的石头。

由此可见，没有百姓的平凡就没有帝王的尊贵，没有石头的普通也就没有宝石的珍贵……所有高高在上的事物，其地位都是由更多低下的物质给予的，要珍惜这些低下的事物，才能拥有至高无上的荣誉。

【名家注解】

河上公：

昔，往也。一，无为，道之子也。言天得一故能垂象清明。言地得一故能安静不动摇。言神得一故能变化无形。言谷得一故能盈满而不绝也。言万物皆须道以生成。言侯王得一故能为天下平正。

致，诫也。谓下六事也。言天当有阴阳弛张，昼夜更用，不可但欲清明无已时，将恐分裂不为天。言地当有高下刚柔，节气五行，不可但欲安静无已时，将恐发泄不为地。言神当有王相囚死休废，不可但欲灵变无已时，将恐虚歇不为神。言谷当有盈缩虚实，不可但欲盈满无已时，将恐枯竭不为谷。言万物当随时生死，不可但欲长生无已时，将恐灭亡不为物。言侯王当屈己以下人，汲汲求贤，不可但欲贵高于人无已时，将恐颠蹶失其位。

言必欲尊贵，当以薄贱为本，若禹稷躬稼，舜陶河滨，周公下白屋也。言必欲尊贵，当以下为本基，犹筑墙造功，因卑成高，不下坚固，后必倾危。孤寡喻孤独，不毂喻不能如车毂为众辐所凑。言侯王至尊贵，能以孤寡自称，此非以贱为本乎？以晓人。嗟叹之辞。致，就也。言人就车数之，为辐、为轮、为毂、为衡、为轝，无有名为车者，故成为车。以喻侯王不以尊号自名，故能成其贵。琭琭喻少，落落喻多，玉少故见贵，石多故见贱。言不欲如玉为人所贵，如石为人所贱，当处其中也。

四十章

【原文】

反者[1]，道之动；弱者，道之用。

天下万物生于“有”，“有”生于“无”。

【注释】

①反者：返回，循环。

【解析】

循环，是“道”的运动方式；柔弱，是“道”所起作用的特征。

天下万物都从“有”中孕育而来，而“有”从“无”中产生。

【名家注解】

河上公：

反，本也。本者，道之所以动，动生万物，背之则亡。柔弱者，道之所常用，故能长久。

天下万物皆从天地生，天地有形位，故言生于有也。天地神明，蜎飞蠕动，皆从道生，道无形，故言生于无也。此言本胜于华，弱胜于强，谦虚胜盈满也。

四十一章

【原文】

上士[①]闻道，勤而行之；中士闻道，若存若亡[②]；下士闻道，大笑之。不笑，不足以为道。

故建言[③]有之：

明道若昧，进道若退，夷道若类[④]。

上德若谷，大白若辱[⑤]，广德若不足，建[⑥]德若揄[⑦]，质真若渝[⑧]。

大方无隅[⑨]，大器晚成。

大音希声[⑩]，大象无形，道隐无名。

夫唯道善贷[⑪]且成。

【注释】

①上士：上等的士人，指资质上乘的人。

②亡：通“忘”，遗忘。

③建言：立言的人。

④类（lèi）：不平。

⑤辱：污黑。

⑥建：通“健”，健康，刚健。

⑦揄：偷懒，懒惰。

⑧渝：污秽，浑浊。

⑨隅：棱角，角落。

⑩希声：无声。

⑪贷：借贷，引申为施与、帮助。

【解析】

资质上乘的人听了“道”之后，就去努力实践；资质普通的人听了“道”之后，或者记得或者遗忘；资质较差的人听了“道”之后，就会哈哈大笑。如果不被理解不了的人嘲笑，就不足以称为“道”了。

所以，立言的人曾这样说：

光明的“道”好像幽暗不明，前进的“道”好像在后退，平坦的“道”好像是坎坷的。

崇高就如同低谷，洁白反而类似于污黑，广博就如同缺少，刚健就如同空虚，质朴就如同污秽。

方正好像没有棱角，最宝贵的器皿总是最后才完全成型。

最大的声音是悄然无声，最大的物象是没有形状，而大的道路则一直幽隐难见。

只有“道”，善于帮助一切，成就万物。

所有的比喻都是为了描述“道”，“道”究竟是什么样子？总之，一定不会是表面的样子，因为它玄妙异常。只有资质较差的人才只看表面，而虚假的表面往往与真实的内在大相径庭，所以那些看不清“道”的人才会认为“道”也就是那么回事，甚至非常可笑。

【名家注解】

河上公：

上士闻道，自勤苦竭力而行之。中士闻道，治身以长存，治国以太平，欣然而存之。退见财色荣誉，惑于情欲，而复亡之也。下士贪狠多欲，见道柔弱，谓之恐惧，见道质朴，谓之鄙陋，故大笑之。不为下士所笑，不足以名为道。

建，设也。设言以有道，当如下句：

明道之人，若暗昧无所见。进取道者，若退不及。夷，平也。大道之人不自别殊，若多比类也。

上德之人若深谷，不耻垢浊也。大洁白之人若污辱，不自彰显。德行广大之人若愚顽不足也。建设道德之人，若可揄引使空虚也。质朴之人若五色，有渝浅不明也。

大方正之人，无委曲廉隅。大器之人若九鼎瑚琏，不可卒成也。

大音犹雷霆，待时而动，喻当爱气希言也。大法象之人，质朴无形容。道潜隐，使人无能指名也。

成，就也。言道善禀贷人精气，且成就之也。

四十二章

【原文】

道生一[①]，一生二[②]，二生三[③]，三生万物。

万物负阴而抱阳，冲气以为和。

（人之所恶，唯孤、寡、不毂，而王公以为称。故物或损之而益，或益之而损。人之所教，我亦教之。强梁者，不得其死，吾将以为教父。[④]）

【注释】

①一：即“道”。

②二：天、地，天为阳，地为阴。

③三：阳气与阴气交融之后产生的第三种气——和气。

④“人之所恶”句：括号中的这些句子与上文不合，疑其位置有误，应置于三十九章末尾。

【解析】

整个“道”可以姑且看作“一”，“道”产生阴阳，阴阳互相交融又产生和谐之气，最后阳气、阴气、和气三者互相作用，产生了万物。

万物背阴而向阳，阴阳二气互相冲融产生和气。

（人们最厌恶的，就是沦为“孤、寡、不穀”，但是侯王们又经常以此自称。所以，很多时候世间万物是看似受损其实受益，或者看似受益其实是受损。别人教我的道理，我也用来教导他人。蛮横霸道的人，难以得到善终，我将这句话当作施教的主导思想。）

【名家注解】

河上公：

道始所生者一也。一生阴与阳也。阴阳生和、清、浊三气，分为天地人也。天地人共生万物也，天施地化，人长养之也。

万物无不负阴而向阳，回心而就日。万物中皆有元气，得以和柔，若智中有藏，骨中有髓，草木中有空虚与气通，故得久生也。

（孤寡不毂者，不祥之名，而王公以为称者，处谦卑，法空虚和柔。引之不得，推之必还。夫增高者致崩，贪富者致患。谓众人所教，去弱为强，去柔为刚。言我教众人，使去强为弱，去刚为柔。强梁者，谓不信玄妙，背叛道德，不从经教，尚势任力也。不得其死者，为天命所绝，兵刃所伐，王法所杀，不得以寿命死也。父，始也。老子以强梁之人为教戒之始也。）

四十三章

【原文】

天下之至柔，驰骋[①]天下之至坚。无有入于无间。吾是以知无为之有益。

不言之教，无为之益，天下希[②]及之。

【注释】

①驰骋：奔驰，纵横自如，这里是使动用法，指驱使。

②希：稀少。

【解析】

天下间最为柔弱的东西，可以在天下间最为坚硬的事物上自由驰骋。无形的事物可以穿透毫无缝隙的东西。我从其中领略到，无所作为必然是有益的。

不用言语的教化，以及无所作为的好处，天下间很少有人能够真正认识到。

其实道理非常简单，水至柔，却可以在坚实的大地上自由穿梭；声音无形，却可以穿透毫无缝隙的钢铁或者水晶，这都是“无为”和“道”的道理所在。常人总是注重看得着、摸得着、拿得起来的东西，却忽略了那些看不见、摸不着、拿不起来的物质。

【名家注解】

河上公：

至柔者，水也。至坚者，金石也。水能贯坚入刚，无所不通。无有，谓道也。道无形质，故能出入无间，通神明济群生也。吾见道无为而万物自化成，是以知无为之有益于人也。

法道不言，帅之以身。法道无为，治身则有益于精神，治国则有益于万民，不劳烦也。天下，人主也。希能有及道无为之治身治国也。

四十四章

【原文】

名与身孰亲？身与货[①]孰多[②]？得与亡[③]孰病[④]？

甚爱必大费，多藏必厚[⑤]亡。

知足不辱，知止不殆，可以长久。

【注释】

①货：财物。

②多：贵重。

③亡：失去。

④病：有害。

⑤厚：重大。

【解析】

名声和身体哪一个更亲近一些？生命与财富哪一个更应该看重？得到与失去哪一个对自己更有害处？

过分地追求自己喜欢的东西必然会有过量的消耗，过多地收藏财物也必定会带来重大的损失。

所以，懂得满足则不会受到屈辱，懂得适可而止就不会遭遇危险，这才是长久生存的道理所在。

简单而言，一个人要懂得对自己来说什么东西才是重要的，不要去追求浮华的事物，更不要做一些过分的事情。要懂得止步，才会走得更远。

【名家注解】

河上公：

名遂则身退也。财多则害身也。好得利则病于行也。

甚爱色，费精神。甚爱财，遇祸患。所爱者少，所费者多，故言大费。生多藏于府库，死多藏于丘墓。生有攻劫之忧，死有掘冢探柩之患。

知足之人，绝利去欲，不辱于身。知可止则止，财利不累于身心，声色不乱于耳目，则终身不危殆也。人能知止知足，则福禄在己，治身者神不劳，治国者民不扰，故可长久。

四十五章

【原文】

大成[①]若缺，其用不弊[②]。

大盈若冲[③]，其用不穷。

大直若屈[④]，大巧若拙，大辩若讷[⑤]。

躁胜寒，静则热，清静为天下正。

【注释】

①成：完美。

②弊：衰竭。

③冲：通“盅”，空虚。

④屈：通“曲”，弯曲。

⑤讷：口吃，不善言辞。

【解析】

最美好的东西往往都会有残缺，但它的作用不会因为这点残缺而衰竭。

最充盈的事物好像很空虚，但它的作用反而是无穷无尽的。

最直的事物貌似弯曲，最精巧的东西反而显得有点拙劣，最善于辩论的人似乎有些不善言辞。

心底的躁动比寒冷更有杀伤力，而安静却具有生发万物的能量。清静无为的统治思维和做法往往可以成为天下的领导者。

【名家注解】

河上公：

大成者，谓道德大成之君也。若缺者，灭名藏誉，如毁缺不备也。其用心如是，则无弊尽时也。

大盈者，谓道德大盈满之君也。若冲者，贵不敢骄，富不敢奢也。其用心如是，则无穷尽时也。

大直谓修道法度，正直如一也。若屈者，不与俗人争，如可屈折。大巧谓多才术也。若拙者，示不敢见其能。大辩者，智无疑。若讷者，口无辟。

胜，极也。春夏阳气躁疾于上，万物盛大，极则寒，寒则零落死亡也，言人不当刚躁也。秋冬万物静于黄泉之下，极则热，热者生之源。能清能静则为天下之长，持身正则无终已时也。

四十六章

【原文】

天下有道，却①走马以粪②；天下无道，戎马③生于郊。

罪莫大于可欲，祸莫大于不知足，咎莫大于欲得。故知足之足，常足矣。

【注释】

①却：退却，退回，放回。

②粪：耕种。

③戎马：战马。

【解析】

天下如果有“道”，国家就可以把战马送回农田里，为农田施肥；天下如果没有“道”，那么那些刚在郊野上出生的小马可能都要用来充当战马。

最大的罪犯就是能引起人们欲望的事物，最大的祸患就是不懂得满足，最大的罪过往往就是什么都想要。所以，懂得满足才会永远满足啊。

【名家注解】

河上公：

谓人主有道也。粪者，粪田也。治国者兵甲不用，却走马以治农田，治身者却阳精以粪其身。谓人主无道也。战伐不止，戎马生于郊境之上，久不还也。

好淫色也。富贵不能自禁止也。欲得人物，利且贪也。守真根也，无欲心也。

四十七章

【原文】

不出户[①]以知天下，不窥[②]牖[③]以见天道，其出弥[④]远，其知弥少。

是以圣人不行而知，不见而明，不为而成。

【注释】

①户：门户，这里指大门。

②窥（kuī）：偷看。

③牖（yǒu）：窗户。

④弥：愈加，更加。

【解析】

不出门户，能够知道天下的事情；不用偷偷看着窗外，就能知道自然的规律。其实有时候走得越远，反而知道得越少。

因此，圣人不出行却知道很多事情，不用见到就可以明白真相，不用作为就可以有所成就。

认识一件事物，仅仅靠自己的眼睛、耳朵、手等感官是不够的，因为如此无法深入事物的内部去了解它的“灵魂”。了解事物应该靠“自省”，去领悟“道”，知道了天下万物的运动和变化规律，才能真切地深入事物的灵魂中。

【名家注解】

河上公：

圣人不出户以知天下者，以己身知人身，以己家知人家，所以见天下也。天道与人道同，天人相通，精气相贯。人君清净，天气自正；人君多欲，天气烦浊。吉凶利害，皆由于己。谓去其家观人家，去其身观人身，所观益远，所见益少也。

圣人不上天，不入渊，能知天下者，以心知之也。上好道，下好德；上好武，下好力。圣人原小知大，察内知外。上无所为，则下无事，家给人足，万物自化就也。

四十八章

【原文】

为学[1]日益，为道日损。损之又损之，以至于无为，无为而无不为。

取天下常以无事[2]，及其有事[3]，不足以取天下。

【注释】

①学：世俗的学问，这里指与“道”相反的思想。

②无事：不作为。

③有事：作为，这里指对民众施以严酷法令和苛政。

【解析】

研究世俗的学问，伪善奸邪的思想就会一天天增多；修行自然的大道，自私的欲望就会一天天减少。减少之后继续减少，一直可以到无为的状态。

领悟了“道”的原理而且不妄为，就能做到无所不为。赢得天下的方式往往在于不妄为，如果有所作为，对民众实行严酷的刑罚和苛政，就很难赢得天下了。

民众总是会支持那些尊重他们的统治者，而尊重的最好方式就是不要擅加干涉民众的所作所为，尤其是不要用刑罚和苛政来束缚民众，或者干脆就什么也不要对民众做。这种方式就好像“道”什么也不会对万物做一样，统治者用“道”对待万物的方式来对待民众，民众自然也会像万物依附和推崇“道”一样依附统治者。

【名家注解】

河上公：

学谓政教礼乐之学也。日益者，情欲文饰日以益多。道谓自然之道也。日损者，情欲文饰日以消损。损之者，损情欲也。又损之者，所以渐去之也。当恬淡如婴儿，无所造为也。情欲断绝，德于道合，则无所不施，无所不为也。

取，治也。治天下常当以无事，不当烦劳也。及其好有事，则政教烦，民不安，故不足以治天下也。

四十九章

【原文】

圣人常无心[①]，以百姓心为心。

善着，吾善之；不善者，吾亦善之，德[②]善。

信者，吾信之；不信者，吾亦信之，德信。

圣人在天下，怵怵[③]焉，为天下浑[④]其心。百姓皆注[⑤]其耳目，圣人皆孩[⑥]之。

【注释】

①心：私心。

②德：通“得”，得到。引申为懂得。

③怵怵：收敛，谨慎。

④浑：混沌，浑朴。

⑤注：专注。

⑥孩：孩童，婴孩，这里指“道”拥有婴孩的纯真和质朴。

【解析】

领悟“道”的人通常是没有私心的，他们会把百姓的心作为自己的心。

对于善良的人，我会善待他；对于不善良的人，我同样会善待他，如此一来彼此也就都得到了真正的善良之心。

对于守信的人，我会对他守信；对于不守信的人，我也会对他守信，如此一来彼此也就都懂得了真正的信用之意。

世间那些懂得“道”的人，总是谨小慎微的样子，为了天下百姓连自己的内心都归于淳朴。百姓都专注于让自己耳聪、目明、心思智巧，而“得道”的人则希望百姓回归到刚出生时的淳厚质朴。

老子所说的圣人即为领略“道”或者已经得道的人，也暗指最理想的统治者。这样的统治者，无论百姓的本心是什么样的，或者百姓如何对待他，他都会拿出善良和信任去教化百姓，力求百姓都遵循“道”的规律。

【名家注解】

河上公：

圣人重改更，贵因循，若自无心。百姓心之所便，圣人因而从之。

百姓为善，圣人因而善之。百姓为不善，圣人化之使善也。百姓德化，圣人为善。

百姓为信，圣人因而信之。百姓为不信，圣人化之使信也。百姓德化，圣人为信。

圣人在天下怵怵常恐怖，富贵不敢骄奢。言圣人为天下百姓混浊其心，若愚暗不通也。注，用也。百姓皆用其耳目为圣人视听也。圣人爱念百姓如孩婴赤子，长养之而不责望其报。

五十章

【原文】

出生入死[①]。生之徒[②]十有三[③]，死之徒十有三，人之生，动之死地十有三。夫何故？以其求生之厚[④]。

盖闻善摄生[⑤]者，陆行不遇兕[⑥]虎，入军不被[⑦]甲兵；兕无所投其角，虎无所措其爪，兵无所容其刃。夫何故？以其无死地。

【注释】

①出生入死：出生和死亡，引申为离开了生存之后必然走向死亡。

②徒：之类的人。

③十有三：十分之三。

④求生之厚：奉养过厚，营养过剩。这里指生存的欲望过于强烈从而导致了弊病。

⑤摄生：养生，这里指养护生命。

⑥兕（sì）：犀牛一类的独角野兽，这里泛指野兽。

⑦被：接触，遭受。

【解析】

一个人由出世而生，最后入土而死。世间长寿的人，大约占十分之三；短命的人，大约占十分之三；人活着，却在死亡之地行动的人，也占十分之三。这是为什么呢？就是因为这些人为了追求长生而养护自己的生命，以至于过分追求奢侈的物质享受，从而糟践并缩短了自己本该长久的生命。

听说那些真正善于养护生命的人，在陆地上任意行走也不会遇到猛虎、犀牛等野兽，在进入打仗的队伍中也不会被武器伤到；犀牛这样的野兽在他身上无处用角，老虎这样的野兽在他身上无处使用利爪，兵器在他身上无处使用利刃。这是为什么呢？因为他根本没有进入死亡的区域，他本身也没有任何致命的弱点。

老子认为，死亡分为两种，一种是因为想要养护生命而营养过剩，导致生命缩短，另一种是进入凶险的死地而导致伤亡。世人为了养护生命而去争夺利益，而“道”的思想是不争和清静无为，不争则不会过盛，无为则远离死地，以此养护生命才是顺应自然的正确方法。

【名家注解】

河上公：

出生，谓情欲出于五内，魂定魄静，故生。入死，谓情欲入于胸臆，精劳神惑，故死。言生死之类各有十三，谓九窍四关也。其生也，目不妄视，耳不妄听，鼻不妄嗅，口不妄言，舌不妄味，手不妄持，足不妄行，精不妄施。其死也反是。人之求生，动作反之十三死地也。问何故动之死地也？言人所以动之死地者，以其求生活之事太厚，违道忤天，妄行失纪。

摄，养也。自然远避，害不干也。不好战以杀人。养生之人，兕虎无由伤，兵刃无从加也。问兕虎兵甲何故不害之。以其不犯上十三之死地也。言神明营护之，此物不敢害。

五十一章

【原文】

道生之，德畜之，物形之，势①成之。是以万物莫不尊道而贵德。道之尊，德之贵，夫莫之命②而常自然。

故道生之，德畜之，长之育之，成③之孰④之，养之覆⑤之。生而不有，为而不恃，长而不宰，是谓“玄德”。

【注释】

①势：自然界的各种力量。

②命：命令，引申为干涉。

③成：生长。

④孰：通“熟”，成熟。

⑤覆：保护，维护。

【解析】

道孕育了世间万物，德养育了世间万物，天地环境给予了万物不同的形态特征，而世间的各种力量互相作用之下，万物又得到了各自的成长和成就。所以，世间万物没有不尊崇大道而重视德的。道受到万物的尊崇，德被万物看重，这正是因为二者没有命令和约束万物，万物自然会对两者产生情愫。

所以，大道孕育万物，德养育万物，进而帮助万物成长，培育万物，使万物生长、成熟，给予万物滋养、庇护。给予万物生命而不将其据为己有，抚育万物而不居功自傲，滋养万物生长而不主宰它们的命运，这就是所谓的“玄德”了。

“玄德”即“上德”，前文提过它是“道”的精神体现。在与万物的关系中，玄德（道）给予万物生命，成就万物本性，帮助万物生长、成熟、结果，而没有任何的干涉、索取、主导。一切都顺其自然，按照“道”的精神理念去成就世间万物。

【名家注解】

河上公：

道生万物。德，一也。一主布气而蓄养之。一为万物设形象也。一为万物作寒暑之势以成之。道德所为，万物无不尽惊动而尊敬之。道一不命召万物，而常自然应之如影响。

道之于万物，非但生之而已，乃复长养、成孰、覆育，全其性命。人君治国治身，亦当如是也。道生万物，不有所取以为利也。道所施为，不恃望其报也。道长养万物，不宰割以为利也。道之所行恩德，玄暗不可得见。

五十二章

【原文】

天下有始，以为天下母。既知其母，复知其子[①]；既知其子，复守其母。没身不殆。

塞其兑[②]，闭其门，终身不勤；开其兑，济其事，终身不救。

见小曰“明”，守柔日强。用其光[③]，复归其明[④]。无遗身殃，是谓“习常[⑤]”。

【注释】

①子：指“道”所孕育而生的世间万物。

②兑：口，指嗜欲的感官。引申为孔穴。

③光：智慧之光，这里指“明”发出的光亮。

④明：自明，内省。

⑤习常：习修往常。常，这里指永恒的道。

【解析】

天地间必然有一个最开始的元素，也就是“道”，它就是孕育万物的本源。既然得知了本源，就能知道它所孕育的万物；既然知道了万物，就该坚守本源。如此一来，就可以终生没有消亡的危险。

堵塞嗜欲的感官，关闭嗜欲的门径，就不会因嗜欲的驱使而辛苦一生；打开嗜欲的空穴，使嗜欲的事情达成，则终生都难以得到安宁。

能够看清细微的事物，称之为“明”，能够坚守柔弱则一天比一天强大。使用内心智慧的光明，恢复自省的明智，不给自己遗留灾祸。这就是所说的“习修永恒的道”。

【名家注解】

河上公：

始，道也。道为天下万物之母。子，一也。既知道已，当复知一也。已知一，当复守道反无为也。不危殆也。

兑，目也。使目不妄视。门，口也。使口不妄言。人当塞目不妄视，闭口不妄言，则终身不勤苦。开目视情欲也。济，益也。益情欲之事，祸乱成也。

萌芽未动，祸乱未见为小，昭然独见为明。守柔弱，日以强大也。用其目光于外，视时世之利害。复当反其光明于内，无使精神泄也。内视存神，不为漏失。人能行此，是谓习修常道。

五十三章

【原文】

使我①介②然有知，行于大道，唯施③是畏。

大道甚夷④，而民好径⑤。朝甚除，田甚芜，仓甚虚；服文彩，带利剑，厌饮食⑥，财货有余，是谓盗夸⑦。盗夸，非道也哉！

【注释】

①我：指有道之士。

②介：微小，稍微。

③施：斜行，邪路。

④夷：平坦。

⑤径：小径，小路，与正路、大路相对，代指邪路。

⑥厌饮食：撑得不愿意再吃喝。厌，满足。

⑦盗夸：大盗，盗魁。

【解析】

假如有道之士对“道”有任何一点领悟，就会倾向于顺着大道而行，并且非常担心自己会走上邪路。

大道总是非常平坦的，那些统治者却往往喜欢走一些看似捷径的邪路。朝廷里总是装饰得非常豪奢，而农田却一片荒芜；国家和百姓的粮仓里空空如也，而朝堂之上的人却穿戴着锦衣华服，身佩锋利的宝剑，酒足饭饱，甚至都不愿吃下看到的食物，每个人都富贵有余，他们这些人才是强盗的首领。这样的现象才真正是无道！

老子将那些无道的统治者比喻成强盗的首领，描绘了一幅令人愤怒的画面：一群人凭借着权势和武力强行榨取百姓的劳作成果，使百姓连果腹都困难，而他们自己却过着骄奢淫逸、腐朽糜烂的生活。如此有违天道的统治，仿佛一座表面华丽而内部已经被蛀空的大厦，下一秒就会倾塌。

【名家注解】

河上公：

介，大也。老子疾时王不行大道，故设此言：使我介然有知于政事，我则行于人道，躬行无为之化。唯，独也。独畏有所施为，恐失道意。欲赏善，恐伪善生；欲信忠，恐诈忠起。

夷，平易也。径，邪不平正也。大道甚平易，而民好从邪径也。高台榭，宫室修。农事废，不耕治。五谷伤害，国无储也。好饰伪，贵外华。尚刚强，武且奢。多嗜欲，无足时。百姓不足而君有余者，是由劫盗以为服饰，持行夸人，不知身死家破，亲戚并随之也。人君所行如是，此非道也。复言也哉者，痛伤之辞。

五十四章

【原文】

善建者不拔[①]，善抱者不脱[②]，子孙祭祀不辍。

修之于身，其德乃真；修之于家，其德乃余；修之于乡，其德乃长；修之于国，其德乃丰；修之于天下，其德乃普。

故以身观身，以家观家，以乡观乡，以国观国，以天下观天下。吾何以知天下之然哉？以此。

【注释】

①拔：拔除。

②脱：脱离，松手。

【解析】

善于树立信念的人不容易被撼动，善于坚守信念的人不容易放弃，只要子子孙孙都遵循大道的精神，就会得到祭祀，永远不会断绝。

用“道”的理念来修缮自身，德行就会纯真质朴；修缮整个家庭，德行就会充裕；修缮整个乡里，德行就会长远；修缮一个国邦，德行就会丰硕；修缮整个天下，德行就可以普及每一个人。

所以，以自己的修为来观察他人的修为，以自家的德行水准来观察别人的德行水准，以本乡的道德成果来观察他乡的道德成果，以本国的道德影响来观察他国的道德影响，以天下的道德影响来观察整个天下。我是靠什么了解世间万事万物的变化情况的呢？靠的就是这个从“道”中演化而来的方法。

【名家注解】

河上公：

建，立也。善以道立身立国者，不可得引而拔之。善以道抱精神者，终不可拔引解脱。辍，绝也。为人子孙能修道如是，则长生不死，世世以久，祭祀先祖宗庙，无有绝时。

修道于身，爱气养神，益寿延年。其德如是，乃为真人。修道于家，父慈子孝，兄友弟顺，夫信妻贞。其德如是，乃有余庆及于来世子孙。修道于乡，尊敬长老，爱养幼少，教诲愚鄙。其德如是，乃无不覆及也。修道于国，则君信臣忠，仁义自生，礼乐自兴，政平无私。其德如是，乃为丰厚也。人主修道于天下，不言而化，不教而治，下之应上，信如影响。其德如是，乃为普博。

以修道之身观不修道之身，孰亡孰存也。以修道之家观不修道之家也，以修道之乡观不修道之乡也，以修道之国观不修道之国也，以修道之主观不修道之主也。老子言：吾何以知天下修道者昌，背道者亡？以此五事观而知之也。

五十五章

【原文】

含德之厚，比于赤子。毒虫不螫[①]，猛兽不据[②]，攫鸟不搏[③]。骨弱筋柔而握固，未知牝牡之合而朘[④]作，精之至也。终日号而不哑，和之至也。

知和曰常[⑤]，知常日明。益生日祥，心使气日强。

物壮则老，谓之不道，不道早已。

【注释】

①螫（shì）：毒蜂等用毒刺蜇人。

②据：猛兽用爪子抓东西。

③搏：扑上去抓。

④朘（zuī）：小男孩的生殖器。

⑤常：经常。这里指永恒不变的规律。

【解析】

一个人有着深厚的德行，就好比是刚刚出生的婴儿。即使是蜂虿蛇蝎这类毒虫，也不会去蜇刺他；即使是虎豹这样的猛兽，也不会用爪子抓他；即使是鹰雕这样的凶禽，也不会扑向他。虽然婴儿的筋骨特别柔软，但他的小拳头握得非常紧；虽然他不懂男女交合的事情，但他的生殖器勃然挺立，这是因为他的精气旺盛到了极点。虽然他整日大声哭喊，但是他的声音非常清亮而不沙哑，这是因为他无欲无为，内心极其恬静柔和。

懂得和谐的作用，处事就会持久；懂得遵循自然规律，会越来越明智。对身体有利的，才是吉祥的；而一旦欲望操纵了肢体，就会逞强。就像统治者如果能够懂得虚静柔和，就能遵循自然规律处事；而能够懂得并遵循自然规律，就能够做到通达圣明。一旦骄奢淫逸，勉力让天下听从自己内心的欲望去行事，必然会为自己的统治带来不祥的后果。

世间万物，发展到极为强壮的时候就会走向衰败，这正是因为它不符合“道”的规律。不符合大道的事物就会提前走向衰亡。

【名家注解】

河上公：

谓含怀道德之厚者也。神明保佑含德之人，若父母之于赤子也。蜂虿蛇虺不螫。赤子不害于物，物亦不害之。故太平之世，人无贵贱，皆有仁心，有刺之物，还反其本；有毒之虫，不伤于人。赤子筋骨柔弱而持物坚固，以其意专而心不移也。赤子未知男女之合会而阴作怒者，由精气多之所致也。赤子从朝至暮啼号声不变易者，和气多之所致也。

人能知和气之柔弱有益于人者，则为知道之常也。人能知道之常行，则日以明达于玄妙也。祥，长也。言益生欲自生，日以长大。心当专一和柔而神气实内，故形柔。而反使妄有所为，则和气去于中，故形体日以刚强也。

万物壮极则枯老也，枯老则不得道矣，不得道者早死。

五十六章

【原文】

知[①]者不言，言者不知。

塞其兑，闭其门，挫其锐，解其纷，和其光，同其尘，是谓“玄同[②]”。

故不可得而亲，亦不可得而疏；不可得而利，亦不可得而害；不可得而贵，亦不可得而贱。故为天下贵。

【注释】

①知：知道，懂得，明白。

②玄同：玄妙的大同世界，这里指“道”。

【解析】

真正懂得“道”的统治者不会随意发出号令，而那些经常对百姓发号施令的统治者，必然不明白“顺其自然”的道理。

塞堵人们嗜欲的孔窍，关闭人们嗜欲的门径，挫伤人们的锐气，调解人们之间的纠纷，让人们的思维和行为能够与世俗合为一体，这就是所谓的“玄妙的大同世界”。

因此，既不能因为了解他而投其所好，也不能因为了解他而故意疏远他；既不能因为了解而利用对方，也不能因为了解而伤害对方；既不能因为了解而吹捧对方，也不能因为了解而贬低对方。做到这些，就会成为被天下人尊重的帝王。

其实，这一章的理论放在现实生活中非常容易理解，人们往往在不太清楚一件事情的时候，才会跟别人讨论这件事情，其实是在到处求证。而那些真正了解一切的人，往往不会发表任何评论和疑问。另一方面，人们在了解了事情之后，总是根据自己的立场决定和对方的关系，这同样违反了“道”的自然和公平，保持无为中正之心才是正确的。

【名家注解】

河上公：

知者贵行不贵言也。驷不及舌，多言多患。

塞闭之者，欲绝其源。情欲有所锐为，当念道无为以挫止之。纷，结恨不休也。当念道恬怕以解释之。虽有独见之明，当和之使暗昧，不使曜乱人也。不当自别殊也。玄，天也。人能行此上事，是谓与天同道也。

不以荣誉为乐，独立为哀。志静无欲，与人无怨。身不欲富贵，口不欲五味。不与贪争利，不与勇争气。不为乱世主，不处暗君位。不以乘权故骄，不以失志故屈。其德如此，天子不得臣，诸侯不得屈，与世沉浮，容身避害，故为天下贵也。

五十七章

【原文】

以正[1]治国，以奇[2]用兵，以无事取[3]天下。吾何以知其然哉？以此：天下多忌讳[4]，而民弥贫；民多利器[5]，国家滋昏；人多技巧[6]，奇物[7]滋起；法物滋彰，盗贼多有。

故圣人云："我无为，而民自化[8]；我好静，而民自正；我无事，而民自富；我无欲，而民自朴；我无情，而民自清。"

【注释】

①正：正规，堂堂正正。这里指正道，或清明无为之道。

②奇：奇谋。

③取：治理，管理。

④忌讳：禁忌。

⑤利器：锋利的兵器。

⑥技巧：技能和智慧。

⑦奇物：奇邪的事情。

⑧自化：自我演化，发展。

【解析】

以堂堂正正的方式来治理国家，用奇谋来统率部队进行作战，以不伤害和干预百姓的办法来赢取并治理天下。我是如何知道应该这样的呢？根据以下的事情：设置的禁忌越多，百姓不能做的事情越多，以致影响了民生，使百姓越来越贫穷；百姓拥有的利器太多，出现矛盾时彼此用利器互相伤害的机会也会增多，所以国家也就越多混乱；百姓的技巧增多，就会关注一些奇巧的东西，国家的怪事也会随之增多；好东西越繁多，盗贼也就越多。

所以，圣人说："我什么也不做，任由百姓依据自然规律自我教化；我保持清静恬淡，任由百姓自行改正自己的错误；我不要求百姓做什么，百姓自然会富足；我没有过多的欲望，百姓也自求淳朴，减少欲望。我修道绝去六情，百姓也会清净无为。"

【名家注解】

河上公：

以，至也。天使正身之人，使至有国也。奇，诈也。天使诈伪之人，使用兵也。以无事无为之人，使取天下为之主。此，今也。老子言：我何以知天意然哉？以今日所见知之也。天下谓人主也。忌讳者防禁也。令烦则奸生，禁多则下诈，相殆故贫。利器者，权也。民多权则视者眩于目，听者惑于耳，上下不亲，故国家昏乱。人，谓人君、百里诸侯也。多技巧，谓刻画宫观，雕琢章服，奇物滋起，下则化上，饰金镂玉，文绣彩色日以滋甚。法物，好物也。珍好之物滋生彰著，则农事废，饥寒并至，故盗贼多有也。

谓下事也。圣人言：我修道承天，无所改作，而民自化成也。圣人言：我好安静，不言不教，民皆自忠正也。我无徭役征召之事，民安其业，故皆自富也。我常无欲，去华文，微服饰，民则随我为质朴也。圣人言：我修道守真，绝去六情，民自随我而清也。

五十八章

【原文】

其政闷闷①，其民醇醇②；其政察察③，其民缺缺④。

祸兮，福之所倚；福兮，祸之所伏。孰知其极⑤？其无正⑥。正复为奇⑦，善复为妖⑧。人之迷，其日固久。

是以圣人方而不割，廉而不害⑨，直而不肆，光⑩而不曜。

【注释】

①闷闷：质朴的样子。

②醇醇：淳朴厚道的样子。

③察察：严苛的样子。

④缺缺：狡黠、抱怨，不满足的样子。

⑤极：终极，最后的结果。

⑥正：定准，标准。

⑦奇：邪，诡异不正。

⑧妖：恶。

⑨害：伤害。

⑩光：放光，这里指高尚的人格之光。

【解析】

如果统治者施政宽厚质朴，那么百姓自然也会非常淳朴；如果统治者施政严厉，那么百姓自然也会变得狡诈。

灾祸啊，总是被幸福所依傍；幸福啊，其中也总是潜伏着灾祸。谁又能知道这两者之间的变化有没有终点？福与祸没有确定的标准。正常的情况可以变得反常，善良也可以变成邪恶。人心对这种事情的迷惑，也算是由来已久了。

因此，圣人端庄方正却没有伤害过别人，棱角分明而不会戳伤他人，性格直率但不放肆，人格魅力光芒四射但从不炫耀自己。

【名家注解】

河上公：

其政教宽大，闷闷昧昧，似若不明也。政教宽大，故民醇醇富厚，相亲睦也。其政教急疾，言决于口，听决于耳也。政教急疾，民不聊生，故缺缺日以疏薄。

倚，因也。夫福因祸而生，人遭祸而能悔过责己，修道行善，则祸去福来。祸伏匿于福中，人得福而为骄恣，则福去祸来。祸福更相生，谁能知其穷极时。无，不也。谓人君不正其身，其无国也。奇，诈也。人君不正，下虽正，复化上为诈也。善人皆复化上为妖祥也。言人君迷惑失正以来，其日已固久。

圣人行方正者，欲以率下，不以割截人也。害，伤也。圣人行廉清，欲以化民，不以伤害人也。今则不然，正己以害人也。肆，申也。圣人虽直，曲己从人，不自申也。圣人虽有独见之明，当如暗昧，不以曜乱人也。

五十九章

【原文】

治人，事天①，莫若啬②。

夫唯啬，是谓早服③；早服，谓之重积德④；重积德，则无不克；无不克，则莫知其极⑤；莫知其极，则可以有国；有国之母⑥，可以长久。是谓深根固蒂，长生久视⑦之道。

【注释】

①事天：用“道”。

②啬（sè）：吝啬，引申为爱惜，收敛。

③早服：趁早服从于道。

④重积德：多积累德行。重，多。

⑤极：极点，尽头。

⑥母：根本，指“道”。

⑦长生久视：长久生存。

【解析】

对统治者而言，治理百姓，用天道，顺应自然规律，没有什么比爱惜精神、收敛知识更好更有效的方法了。

爱惜精神和收敛知识的方式，就是所谓的尽早服从“道”的思想；早日服从“道”，就会重视积累德行和禀赋；注重积累德行与禀赋，则没有什么困难不能攻克；任何困难都可以攻克，就没有人能知道他的极限在哪里；力量大到仿佛没有极限，就可以拥有国家，作为统治者；掌握了国家的根本大道，就能保证整个国家长治久安。这就是根深蒂固，以求长久生存的道理。

【名家注解】

河上公：

谓人君欲治理人民。事，用也。当用天道，顺四时。啬，爱惜也。治国者当爱惜民财，不为奢泰。治身者当爱惜精气，不为放逸。

早，先也。服，得也。夫独爱惜民财，爱惜精气，则能先得天道也。先得天道，是谓重积德于己也。克，胜也。重积德于己，则无不胜。无不克胜，则莫有知己德之穷极也。莫知己德有极，则可以有社稷，为民致福。国身同也。母，道也。人能保身中之道，使精气不劳，五神不苦，则可以长久。人能以气为根，以精为蒂，如树根不深则拔，果蒂不坚则落。言当深藏其气，固守其精，无使漏泄。深根固蒂者，乃长生久视之道。

六十章

【原文】

治大国，若烹小鲜[①]。

以道莅[②]天下，其鬼不神[③]。非其鬼不神，其神不伤人；非[④]其神不伤人，圣人亦不伤人。夫两不相伤，故德交[⑤]归焉。

【注释】

①小鲜：小鱼。

②莅：居高临下，治理。

③神：显灵。

④非：不仅仅。

⑤交：双双，先后，都。

【解析】

治理大国，就像烹制小鱼一样。（烹鱼的时候不能随意翻搅，频繁地翻搅会把鱼搅烂。治理大国也不能随意妄为，妄为会伤害民心、损害国家。）

使用"道"的思维治理天下，那些鬼怪也就不会显灵了。并不是鬼怪不再显灵，而是显灵后也不会作祟了；非但鬼怪不会伤人，就连圣人也不会伤害百姓。两者都不对百姓产生侵扰，功德和恩泽自然也就归于百姓了。

【名家注解】

河上公：

鲜，鱼也。烹小鱼不去肠、不去鳞、不敢挠，恐其糜也。治国烦则下乱，治身烦则精散。

以道德居位治天下，则鬼不敢见其精神以犯人也。其鬼非无精神，邪不入正，不能伤自然之人。非鬼神不能伤害人。以圣人在位不伤害人，故鬼神不敢干之也。鬼与圣人俱两不相伤也。夫两不相伤，则人得治于阳，鬼得治于阴；人得全其性命，鬼得保其精神，故德交归焉。

六十一章

【原文】

大国者下流①，天下之交②，天下之牝。牝常以静胜牡，以静为下。

故大国以下小国，则取小国；小国以下大国，则取大国。或下③以取④，或下而取。大国不过欲兼畜人⑤，小国不过欲入事⑥人，夫两者各得其所欲。大者宜为下。

【注释】

①下流：下游，水汇聚的地方。

②交：汇集。

③下：谦下。

④取：通“聚”，汇聚。

⑤兼畜人：聚养众人。

⑥入事：侍奉，顺从。

【解析】

大国应居于河流的下游，即处于天下雌柔的位置，那正是天下河流与万物汇聚的地方。雌柔常常凭借自己的静谧和淡定战胜强雄。这正是因为雌柔淡定地处于下方。

因此，大国以谦下的态度对待小国，则能汇聚众多的小国，使它们处于自己的统治之下；小国以谦下的态度对待大国，则能够获得大国的庇护。所以，谦下有时候能够汇聚众多的力量，有时候能够获得更强大的力量。大国只不过是汇聚更多的小国来增强自己的实力，小国只不过是想融入大国从而获得发展的机会，彼此的愿望都达到了满足。其中大国作为统治者，更应该态度谦下才对。

【名家注解】

河上公：

治大国者，当如江海居下流，不逆细微。大国者，天下士民之所交会。牝者，阴类也。柔谦和而不唱也。女所以能屈男，阴胜阳，以其安静，不先求之也。阴道以安静为谦下。

能谦下之，则常有之。此言国无大小，能执谦畜人，则无过失也。下者谓大国以下小国，小国以下大国，更以义相取。大国不失下，则兼并小国而牧畜之，入为臣仆。大国小国各欲得其所，大国又宜为谦下。

六十二章

【原文】

道者，万物之奥①。善人之宝，不善人之所保②。

美言可以市③，尊行可以加人④。人之不善，何弃之有？故立天子，置三公，虽有拱璧⑤以先驷马⑥，不如坐进此道。

古之所以贵此道者，何不日以求得？有罪以免耶，故为天下贵。

【注释】

①奥：主宰。

②所保：保存的东西。

③市：交易。

④加人：区分出一般人。

⑤拱璧：双手捧着玉璧。

⑥驷马：四匹马拉的车。

【解析】

道，是万物的主宰。它是善良之人的法宝，不善良之人的依靠。

美好的言辞能够用来交换，高尚的行为可以区分出一般人。百姓中即使有不善良的人，大道又怎么会随意抛弃他们呢？因此，与其设立天子、设置三公，让这些人坐在四匹骏马拉的马车上，并双手奉上美丽的玉璧，还不如坐下来深入了解“道”的意义。

古代人把“道”看得无比贵重，怎么可能不长期求索以得到它？得到它，就能够免除罪责，所以天下之人才如此重视“道”。

“道”的美好以及作用，就在于无论是好人还是坏人，君王还是百姓都可以借助于它得到满足。“道”对世间万物是平等的，这也正是它的博大之处。

【名家注解】

河上公：

奥，藏也。道为万物之藏，无所不容也。善人以道为身宝，不敢违也。道者，不善人之所保倚也。遭患逢急，犹知自悔卑下。

美言者独可于市耳，夫市交易而退，不相宜善言美语，求者欲疾得，卖者欲疾售也。加，别也。人有尊贵之行，可以别异于凡人，未足以尊道。人虽不善，当以道化之。盖三皇之前，无有弃民，德化淳也。欲使教化不善之人。虽有美璧先驷马而至，故不如坐进此道。

古之所以贵此道者，不日日远行求索，近得之于身。有罪谓遭乱世，暗君妄行形诛，修道则可以解死，免于众耶也。道德洞远，无不覆济，全身治国，恬然无为，故可为天下贵也。

六十三章

【原文】

为无为，事无事，味无味。

大小多少[①]。（报怨以德。[②]）图难于其易，为大于其细。天下难事，必作于易；天下大事，必作于细。是以圣人终不为大，故能成其大。

夫轻诺必寡信，多易必多难。是以圣人犹[③]难之，故终无难。

【注释】

①大小多少：大从小长成，多从少积累而成。

②“报怨”句：此句与上下文不合，应移至七十九章。

③犹：均，都。

【解析】

所作为的，是没有作为；所行事的，是无所行事；所品味的，是平淡无味。

所有的大都是从小长成的，所有的多都是从少积累而成的。（用德行去回报怨恨。）解决困难的事情要趁它简单的时候去解决，处理重大的事情要趁它细小的时候去处理。因为天下的难事，必须从简单的地方做起；天下的大事，必须从细微之处入手。因此，圣人从不妄自尊大，反而能成就自身的伟大。

轻易承诺必然很少能够守信，把事情看得过于容易也必然会遇到很多困难。因此，圣人遇到所有的事情都把它们看得很难，（因为很难，所以才更加用心地为之做准备。）所以最终没有什么困难能够难倒那些真正懂得“道”的意义的人。

【名家注解】

河上公：

因成循故，无所造作。不预设备，除烦省事也。深思远虑，味道意也。

陈其戒令也。欲大反小，欲多反少，自然之道也。修道行善，绝祸于未生也。欲图难事，当于易时，未及成也。欲为大事，必作于小，祸乱从小来也。从易生难，从细生著。处谦虚，天下共归之也。

不重言也。不慎患也。圣人动作举事，犹犹进退，重难之，欲塞其源也。圣人终身无患难之事，由避害深也。

六十四章

【原文】

其安易持，其未兆易谋；其脆易破[①]，其微易散[②]。为之于未有，治之于未乱。

合抱之木，生于毫末[③]；九层之台，起于累土[④]；千里之行，始于足下。

（为者败之，执者失之。圣人无为，故无败；无执，故无失。[⑤]）

民之从事，常于几成[⑥]而败之。慎终如始，则无败事。

（是以圣人欲不欲，不贵难得之货；学不学，复[⑦]众人之所过。以辅万物之自然，而不敢为。[⑧]）

【注释】

①破：融解，破除。

②散：化解。

③毫末：细微的萌芽。

④累土：积累的泥土。

⑤“为者败之”句：括号中的语句与上下文不合，疑其位置错误，应移至二十九章。

⑥几成：接近成功。

⑦复：扭转，引申为纠正。

⑧“是以圣人欲不欲”句：括号中的这些语句与上文不合，而且与前面的章节有重复之处，疑应删除。

【解析】

局势安定时，易于把握时机；事情还没有迹象时，才容易做出周全的谋划；事物力量脆弱的时候，更容易摧毁；问题还处于细微阶段时更容易解决。矛盾最好在它还没有出现时就处理妥当，混乱也要在它还没有发生时就予以平息。

合抱的大树，是从细小的萌芽生长而来的；多层高的楼台，也是用泥土一点点堆积而成的；千里远的路程，也是一步一步走出来的。

（任意妄为的人会失败，强求的人希望会落空。因此，圣人无所作为，也就不会招致失败；不曾执着，也就不会失望了。）

百姓做事情，经常在快要成功的时候失败。如果自始至终都像一开始的时候那样慎重，也就不会那么容易失败了。

（因此，圣人想要的就是没有欲望，他们不会过于重视那些稀有的珍宝，而是想保持那种没有知识的状态，以此来纠正世人所犯的过错。这样可以帮助万物回归自然，而不再妄加干涉。）

【名家注解】

河上公：

治身治国安静者，易守持也。情欲祸患未有形兆之时，易谋止也。祸乱未动于朝，情欲未见于色，如脆弱易破除也。其事未彰著，微小易散去也。欲有所为，当于未有萌芽之时，豫塞其端也。治身治国，当于未乱之时，豫闭其门也。

从小成大。从卑立高。从近至远。

（有为于事，废于自然；有为于义，废于仁慈；有为于色，废于精神也。执利遇患，执道全身，坚持不得，推让反还。圣人不为华文，不为色利，不为残贼，故无败坏。圣人有德以教愚，有财以与贫，无所执藏，故无所失于人也。）

从，为也。民之为事，常于其功德几成，而贪位好名，奢泰盈满而败之也。终当如始，不当懈怠。

（圣人欲人所不欲。人欲彰显，圣人欲伏光；人欲文饰，圣人欲质朴；人欲于色，圣人欲于德。圣人不眩晃为服，不贱石而贵玉。圣人学人所不能学。人学智诈，圣人学自然；人学治世，圣人学治身，守道真也。众人学问皆反，过本为末，过实为华。复之者，使反本实也。教人反本实者，欲以辅助万物自然之性也。圣人动作因循，不敢有所造为，恐远本也。）

六十五章

【原文】

古之善为道者，非以明①民，将以愚②之。

民之难治，以其智多。以智治国，国之贼③；不以智治国，国之福。

知此两者，亦楷式④。常知楷式，是谓“玄德”。“玄德”深矣，远矣，与物反⑤矣，乃至大顺⑥。

【注释】

①明：伪诈，巧智，这里是使动用法，意为“使……聪明”。

②愚：敦厚，朴实。

③贼：祸害，祸患。

④楷式：法则，楷模。

⑤反：同“返”，返回。

⑥大顺：完全顺应自然规律，顺应“道”。

【解析】

古代善于行使“道”的人，并不是让百姓变得聪明巧智，而是让百姓变得质朴、纯真。

百姓之所以难以治理，往往就是因为他们过于巧智。因此，用巧智治理国家，必然是国家的祸患；不用巧智治理国家，才是国家的幸福。

能够懂得这两者之间的不同，也就懂得了治国的法则。总是处于领悟这个法则的状态，就是最高的德行。最高德行深不可测，远不可及，与万物一同回归质朴的原点，最终顺应“道”的理念。

【名家注解】

河上公：

说古之善以道治身及治国者，不以道教民明智巧诈也，将以道德教民，使质朴不诈伪。

民之所以难治者，以其智太多而为巧伪。使智慧之人治国之政事，必远道德，妄作威福，为国之贼也。不使智慧之人治国之政事，则民守正直，不为邪饰，上下相亲，君臣同力，故为国之福也。

两者谓智与不智也。常能知智者为贼，不智者为福，是治身治国之法式也。玄，天也。常能知治身治国之法式，是谓与天同德也。玄德之人深不可测，远不可及也。玄德之人与万物反异，万物欲益己，玄德欲施与人也。玄德之人与万物反异，故能至大顺。顺天理也。

六十六章

【原文】

江海所以能为百谷[①]王者，以其善下之[②]，故能为百谷王。

是以圣人欲上民[③]，必以其言下之；欲先民[④]，必以其身后之。是以圣人处上而民不重[⑤]，处前而民不害，是以天下乐推[⑥]而不厌。以其不争，故天下莫能与之争。

【注释】

①谷：河流。

②下之：处于其下。

③上民：处于人民之上，寓意为统治百姓。

④先民：领先于民众，统领百姓。

⑤重：重负，负担。

⑥推：拥护。

【解析】

江海之所以能成为众多河流汇聚的地方，是因为它善于处在低下的位置。

所以圣人想要统治百姓，必然会谦和地跟百姓交谈；想要领导百姓，必然会站在百姓的身后。圣人居于百姓之上并领导百姓，而百姓并不会感到自己的负担变得沉重；圣人在百姓前面领导百姓，百姓也不认为这会对自己产生危害。只有这样的领袖，百姓才乐意拥戴他，而不会对他产生厌恶。因为他什么也不争，所以天下也就没有人能和他争夺什么，反而都会自发地归附他。

老子通过统治者与百姓的关系，讲述了“谦下”与“包容”的关系。江海处于低下的位置，却能够汇聚百川，故而成就了自己的宽广和浩瀚。一个国家（国家的统治者）也应当仿效江海，对百姓采取包容和谦下的态度，只有这样才能成就更大的国家，才能使君王的地位显得更高。

【名家注解】

河上公：

江海以卑下，故众流归之，若民归就王者，以卑下，故能为百谷王也。

欲在民之上也。法江海，处谦虚。欲在民之前也，先人而后己也。圣人在民上为主，不以尊贵虐下，故民戴仰而不以为重。圣人在民前，不以光明蔽后，民亲之若父母，无有欲害之心也。圣人恩深爱厚，视民如赤子，故天下乐共推进以为主，无有厌之者。天下无厌圣人之时，是由圣人不与人争先后也。言人皆（争）有为，无有与吾争无为者。

六十七章

【原文】

（天下皆谓我大，似不肖[①]。夫唯大，故似不肖。若肖，久矣。其细也夫！[②]）

我有三宝，持而保之：一曰慈[③]，二曰俭[④]，三曰不敢为天下先[⑤]。慈，故能勇；俭，故能广[⑥]；不敢为天下先，故能成器长[⑦]。

今舍其慈且勇，舍其俭且广，舍其后且先，死矣！

夫慈，以战则胜，以守则固。天将救之，以慈卫之。

【注释】

①肖：相似。

②“天下皆谓我”句：括号中的这些语句与下文不合，疑其位置错误，应移至三十四章末尾。

③慈：慈爱。

④俭：节俭，引申为收敛和约束欲望。

⑤天下先：先于天下人。

⑥广：大方，引申为推广的意思。

⑦器长：万物的首长，这里指统治者。

【解析】

（天下人都对我说：“道太大了，似乎没有任何东西与它相似。”正因为“道”实在太大了，所以才不与任何事物相像，如果“道”与某一事物相像，那么“道”也太渺小了。）

我有三件宝物，长久以来我一直持有、守护、用心保存着它们。第一件宝物是慈爱，第二件宝物是节俭，第三件宝物是不敢处于天下人的前面。一个人有了慈爱，才能勇敢；有了节俭，才能做到大方；不处于天下人的前面，才能够成为世间万物的统领。

而今，如果舍弃慈爱而要勇敢，舍弃俭啬而要大方，舍弃颓然而要争先，就会走向死亡。

慈爱，用于作战就能获得胜利，用于防守就能巩固防守力量。上天要救助一个人的时候，必然会用慈爱来呵护他。

【名家注解】

河上公：

老子言：天下皆谓我德大，我则佯愚似不肖。唯独名德大者为身害，故佯愚似若不肖。无所分别，无所割截，不贱人而自贵。肖，善也。谓辨惠也。若大辨惠之人，身高自贵，行察察之政，所从来久矣。言辨惠者唯如小人，非长者矣。

老子言：我有三宝，抱持而保倚之。爱百姓若赤子。赋敛若取之于己也。执谦退，不为倡始也。以慈仁，故能勇于忠孝也。天子身能节俭，故民日用广矣。不敢为天下首先。成器长，谓得道人也。我能为道人之长也。

今世人舍其慈仁，但为勇武。舍其俭约，但为奢泰。舍其后已，但为人先。所行如此，动入死地。

夫慈仁者，百姓亲附，并心一意，故以战则胜敌，以守卫则坚固。天将救助善人，必与慈仁之性，使能自营助也。

六十八章

【原文】

善为士[①]者，不武[②]；善战者，不怒；善胜敌者，不与[③]；善用人者，为下。是谓不争之德，是谓用人之力，是谓配天[④]，古之极[⑤]。

【注释】

①士：士卿，这里指统治者。

②不武：不使用和炫耀自己的武力。

③不与：不打仗，不相互争斗。

④配天：符合天道。

⑤极：最高法则。

【解析】

善于统治的人，不会轻易使用自己的武力；善于作战的人，不会随便恼怒；善于战胜敌人的人，不会轻易与敌人交战；善于识人、用人的人，对待他人总是保持着谦和的态度。这就是所谓的不与万物相争的德行，这就是所谓的"善于用人"的能力，这就是所谓的符合天道的做法，是古往今来最高的法则。

【名家注解】

河上公：

言贵道德，不好武力也。善以道战者，禁邪于胸心，绝祸于未萌，无所诛怒也。善以道胜敌者，附近以仁，来远以德，不与敌争，而敌自服也。善用人自辅佐者，常为人执谦下也。谓上为之下也，是乃不与人争之道德也。能身为人下者，是谓用人臣之力也。能行此者，德配天也，是乃古之极要道也。

六十九章

【原文】

用兵有言：“吾不敢为主①，而为客②；不敢进寸，而退尺。”是谓行③无行，攘无臂④，仍⑤无敌，执无兵⑥。

祸莫大于轻敌，轻敌几丧吾宝⑦。

故抗兵相加⑧，哀⑨者胜矣。

【注释】

①主：主动攻打敌人。

②客：被动防守，不得已迎敌。

③行：行兵布阵。

④臂：奋臂，奋起。

⑤仍：面临，面对。

⑥兵：兵器。

⑦宝：指前文中提到的“慈爱、节俭、不敢为天下先”。

⑧抗兵相加：对抗的两军实力相当。

⑨哀：哀伤，这里指悲愤。

【解析】

统率部队的人说："我不敢主动去攻打别人，反而愿意采取守势，只有在不得已的时候才与敌人作战；我也不愿意向前侵略一寸土地，而愿意退让更多的地方来换取和平。"这就是说，虽然是行军打仗，却没有打仗的阵势；虽然心中激动不已，却没有挥动手臂去作战；虽然面临着敌人，却没有真的上前搏杀；虽然手执兵器，却没有进行战斗。

没有比轻敌更大的灾祸了，轻敌几乎让我丧失了手中的法宝。

所以，当两军实力相当时，一定是受到侵略、内心悲愤的一方可以取得胜利。

【名家注解】

河上公：

陈用兵之道。老子疾时用兵，故托己设其义也。主，先也。我不敢先举兵。客者，和而不倡。用兵当承天而后动。侵人境界，利人财宝，为进；闭门守城，为退。彼遂不止，为天下贼，虽欲行诛之，不成行列也。虽欲攘臂大怒，若无臂可攘也。虽欲仍引之，若无敌可仍也。虽欲执持之，若无兵刃可持用也。何者？伤彼之民罹罪于天，遭不道之君，愍忍丧之痛也。

夫祸乱之害，莫大于欺轻敌家，侵取不休，轻战贪财也。几，近也。宝，身也。欺轻敌家，近丧身也。

两敌相战也，哀者慈仁，士卒不远于死。

七十章

【原文】

吾言甚易知，甚易行。天下莫能知，莫能行。

言有宗[①]，事有君[②]。夫惟无知，是以不我知。

知我者希，则[③]我者贵。是以圣人被褐[④]怀玉[⑤]。

【注释】

①宗：宗源，宗旨，根本。

②君：根据，主旨。

③则：效法。

④褐：粗布衣。

⑤玉：这里指道家思想。

【解析】

我的言论非常容易理解，也非常容易施行。可惜天下间没有人能够真正懂得我的言论，也没有人能够真正将其施行好。

我的言论是有根有据的，我做的事情是有主旨的。正是因为天下人并不了解这些，所以也不会了解真实的我。

了解我的人本身就非常少，效法我的人就更加可贵了。所以，圣人就像是身怀美玉却穿着粗布衣服一样，很难遇到拥有慧眼并且能够辨识出其内在光华的人。

老子的思想境界，颇有一些“高处不胜寒”的味道。一种理想的统治状态就像世外桃源，但在这种理念统治下的国度貌似无法满足君王的私心，所以统治者即使真的明白这一点也很难放弃自己的私心去施行。

【名家注解】

河上公：

老子言：吾所言省而易知，约而易行。人恶柔弱，好刚强也。

我所言有宗祖根本，事有君臣上下，世人不知者，非我之无德，心与我反也。夫唯世人之无知者，是我道德之暗昧，不见于外，穷微极妙，故无知也。

希，少也。惟达道者乃能知我，故为贵也。被褐者薄外，怀玉者厚内，匿宝藏德，不以示人也。

七十一章

【原文】

知不知①上②；不知知③病④。夫唯病病，是以不病。圣人不病⑤，以其病病⑥，是以大病。

【注释】

①知不知：知道却认为不知道。

②上：最好。

③不知知：不知道却认为自己知道。

④病：祸患。

⑤不病：没有祸患。

⑥病病：认为祸患就是祸患。

【解析】

知道一切，却保持一颗谦虚的心，认为自己什么都不知道，这才是最好的；实际上一无所知，却因为没有看清自己而认为自己无所不知，则必然会带来祸患。知道祸患对自己不利，同时认真对待祸患，也就避免了祸患降临到自己身上。圣人没有祸患，正因为圣人知道自己的祸患的确是祸患，所以认真对待、及时处理祸患。

简单而言，人贵有自知之明。如果把文中的“病”直译为生病，那么这段话可以理解为：一个人在什么也不知道的情况下种下了病根，这时候如果不管不顾甚至还要装作知道，就会发病，甚至慢慢病入膏肓。圣人知道得很多，即使他没有生病，但他依然害怕得病，于是装作什么也不知道，继续学习，因此得以终生对这种疾病免疫。

【名家注解】

河上公：

知道而言不知，是乃德之上。不知道而言知，是乃德之病。夫唯能病苦众人有强知之病，是以不自病也。圣人无此强知之病者，以其常苦众人有此病，以此非人，故不自病。夫圣人怀通达之知，托于不知者，欲使天下质朴忠正，各守纯性。小人不知道意，而妄行强知之事以自显著，内伤精神，减寿消年也。

七十二章

【原文】

民不畏威[1]，则大威至矣。

无狭[2]其所居，无厌[3]其所生。夫惟不厌，是以不厌[4]。

是以圣人自知不自见[5]，自爱不自贵[6]。故去彼取此。

【注释】

①威：威力，引申为暴力。

②狭：狭窄，逼迫。

③厌：通“压”，压榨，压制，压迫。

④厌：厌恶。

⑤见：通“现”，显扬。

⑥自爱不自贵：自我爱护而不彰显高贵。

【解析】

百姓不畏惧暴力，就会有更大的暴力来侵扰他们。

不要逼迫百姓改变正常，不要压榨百姓的劳动所得。只要不压榨百姓的生活，百姓就不会厌恶他们的统治者。

因此，圣人懂得很多事情但不会自我炫耀，爱惜自己却不会自恃高贵。所以，应当抛弃“自见”“自贵”的做法，选择“自知”“自爱”的做法。

【名家注解】

河上公：

威，害也。人不畏小害则大害至。大害者，谓死亡也。畏之者当爱精养神，承天顺地也。

谓心居神，当宽柔，不当急狭也。人所以生者，以有精神。精神托空虚，喜清静，若饮食不节，忽道念色，邪僻满腹，为伐本厌神也。夫唯独不厌精神之人，洗心濯垢，恬泊无欲，则精神居之而不厌也。

自知己之得失，不自显见德美于外，而藏之于内。自爱其身以保精气，不自贵高荣名于世。去彼自见、自贵，取此自知、自爱。

七十三章

【原文】

勇于敢[①]则杀[②]，勇于不敢[③]则活。此两者，或利或害。天之所恶，孰知其故？（是以圣人犹难之。[④]）

天之道，不争而善胜，不言而善应，不召而自来，繟[⑤]然而善谋。

天网恢恢[⑥]，疏而不失。

【注释】

①敢：进取。

②杀：死。

③不敢：小心谨慎。

④“是以圣人”句：这一句在六十三章已出现过，疑重复。

⑤绰：舒缓。

⑥恢恢：宽大无边。

【解析】

勇于进取就容易走向死亡，勇于谦让则容易保持生存。这两个方面，一个有利，一个有害。天道厌恶其中一方，谁又能知道其中的缘故呢？（因此，即使是圣人，也会在这方面慎之又慎，难以决断。）

天地之间的规律，往往在于不争夺的一方善于取胜，不说话的一方善于回应，不召唤而自动到来，坦然而又善于谋划。

天网宽大无边，虽然稀疏但一定不会遗漏。无论是什么事物，做什么事情，都逃不出“道”的范围。

“道”就像一张大网，看起来非常疏漏，但其实什么也逃不过“道”的规律。世间万物都在按照“道”的规律运作，例如“柔弱胜刚强”“勇于敢则杀，勇于不敢则活”，即使是违反“道”的规律而暂时得以成立，最终也会被“道”纠正，根本逃不出“道”的规律，最终必将走向灭亡。

【名家注解】

河上公：

勇于敢有为，则杀其身。勇于不敢有为，则活其身。谓敢与不敢也。活身为利，杀身为害。恶有为也。谁能知天意之故而不犯之？言圣人之明德犹难于勇敢，况无圣人之德而欲行之乎？

天不与人争贵贱，而人自畏之。天不言，万物自动以应时。天不呼召，万物皆负阴而向阳。繟，宽也。天道虽宽博，善谋虑人事，修善行恶，各蒙其报也。

天所网罗恢恢甚大，虽疏远，司察人之善恶，无有所失。

七十四章

【原文】

民不畏死，奈何以死惧之？若使民常畏死，而为奇[①]者，吾得执[②]而杀之，孰敢？

常有司杀者[③]。夫代司杀者，是谓代大匠斲[④]。夫代大匠斲者，希[⑤]有不伤其手矣。

【注释】

①奇：诡异，邪恶，与“正”相反，这里指作恶的人。

②执：捉住，拘押。

③司杀者：负责行刑的人，指天道。

④斲（zhuó）：“斫”的古体，砍，削。

⑤希：稀有，稀少。

【解析】

百姓不畏惧生死，用生死来恐吓百姓又有什么用呢？如果百姓害怕生死，那么当我们把那些作恶多端的人抓起来并杀掉时，谁还敢做坏事？

应当有专门负责行刑的人负责杀人。代替行刑的人去杀人，就好比代替木匠去砍削木材。而那些代替木匠砍削木材的人，很少有不误伤到自己的手的。（换句话说，如果我们越过自己的职责，代替天道去惩罚别人的话，那么相同的灾难很可能会降临到我们自己身上。）

【名家注解】

河上公：

治国者刑罚酷深，民不聊生，故不畏死也。治身者嗜欲伤神，贪财杀身，民不知畏之也。人君不宽其刑罚，教民去其情欲，奈何设刑法以死惧之？当除己之所残克，教民去利欲也。以道教化而民不从，反为奇巧，乃应王法执而杀之，谁敢有犯者？老子疾时王，不先以道德化之，而先刑罚也。

司杀者谓天，居高临下，司察人过。天网恢恢，疏而不失也。天道至明，司杀有常，犹春生夏长，秋收冬藏，斗杓运移，以节度行之。人君欲代杀之，是犹拙夫代大匠斲木，劳而无功也。人君行刑罚，犹拙夫代大匠斲木，则方圆不得其理，还自伤其手。代天杀者失其纪纲，不得其纪纲，还受其殃也。

七十五章

【原文】

民之饥，以其上食税之多，是以饥。

民之难治，以其上有为，是以难治。

民之轻死[1]，以其求生之厚，是以轻死。

夫唯无以生为者，是贤[2]于贵生[3]。

【注释】

①轻死：看轻生死，不怕死。

②贤：胜过，超过。

③贵生：厚养生命，重视生命。

【解析】

百姓饥饿，是因为居上位者征收的赋税太多，造成了粮食的匮乏。

百姓难以治理，是因为居上位者擅自做了太多事情，导致百姓反抗。

百姓将生死看得太轻，是因为居上位者重视自己的生命，导致百姓认为居上位者的性命有价值而百姓的性命没有价值，因而冒死犯上。

只有那些生活得恬淡、清净的统治者，才比那些重视生命的统治者更加明智。

百姓的思维很多时候是由百姓的生活状态决定的，而百姓的生活状态往往由统治者的治理方针决定。统治者自私自利，则政令苛刻，政令苛刻则百姓生活困难，百姓生活困难则会出现饥饿、暴乱、不怕死的情形。老子推崇统治者从“无为”做起，进而影响所有百姓的思维和行动。

【名家注解】

河上公：

人民所以饥寒者，以其君上税食下太多，是以民皆化上为贪，叛道违德，故饥。

民之不可治者，以其君上多欲，好有为也。是以其民化上有为，情伪难治。

人民所以轻犯死者，以其求生活之事太厚，贪利以自危。以其求生太厚之故，轻入死地也。

夫唯独无以生为务者，爵禄不干于意，财利不入于身，天子不得臣，诸侯不得使，则贤于贵生也。

七十六章

【原文】

人之生也柔弱[①]，其死也坚强[②]；万物草木之生也柔脆，其死也枯槁。故坚强者死之徒，柔弱者生之徒。

是以兵强则不胜，木强则共。强大处下，柔弱处上。

【注释】

①柔弱：形容人活着，身体柔软。

②坚强：形容人死去，身体僵硬。

【解析】

人活着的时候身体柔软，而死后则身体僵硬；草木生长时非常柔弱，而死后则变得干枯。因此，坚强的东西都属于死亡的一类，而柔弱的东西都属于存活的一类。

所以，军队过于强大就会走向灭亡，树木长得过于高大就要面对大的压力。强大的一方其实往往处于劣势，而柔弱的一方往往拥有不明显的优势。

刚强则趋向于死亡，而柔弱却趋向于生存。这个辩证的思想来自老子对自然与社会的观察和感悟。柔弱，代表着拥有能动性和灵活性，在明知不可敌的时候退让，是为了保全自己；而刚强则不退，不退则容易受到损伤，严重时甚至会消亡。回归到做人而言：凡事争强好胜，永不低头，往往容易受到伤害；凡事谦和忍让，看似柔弱、低下，实则符合“道”的理念，也是能够长生久存的原因。

【名家注解】

河上公：

人生含和气，抱精神，故柔弱也。人死和气竭，精神亡，故坚强也。和气存也。和气去也。以上二事观之，知坚强者死，柔弱者生也。

强大之兵轻战乐杀，毒流怨结，众弱为一强，故不胜。木强大则枝叶共生其上。兴物造功，大木处下，小物处上。天道抑强扶弱，自然之效。

七十七章

【原文】

天之道[①]，其犹张弓乎？高者抑之，下者举之；有余者损之，不足者益之。

天之道，损有余而补不足；人之道[②]则不然，损不足以奉有余。孰能有余以奉天下？唯有道者。

（是以圣人为而不恃，功成而不处，其不欲见贤[③]。）

【注释】

①天之道：自然界的规律和法则。

②人之道：人类社会的规律和法则。

③见贤：表现自己的才干。括号中的语句与上文不合，且与前面的章有重复之处，疑多余。

【解析】

自然界的规律和法则，也许就像拉弓射箭那样吧？弦位太高的时候就要将它压低，弦位太低的时候就要把它举高；弓弦张得过满则减少力量，弓弦过于松弛则加大力量。

自然的规律就是这样，减少多余而弥补不足；社会的法则却恰恰相反，是减少不足而供养有余。

谁能够用自己的剩余来弥补天下的不足呢？恐怕只有“道”了。

（所以，圣人有所作为而不会自恃力量强大，成就功绩而不居功自傲。这只是圣人不愿意炫耀自己的才能和智慧罢了。）

【名家注解】

河上公：

天道暗昧，举物类以为喻也。言张弓和调之，如是乃可用耳，夫抑高举下，损强益弱，天之道也。

天道损有余而益谦，常以中和为上。人道则与天道反，世俗之人损贫以奉富，夺弱以益强也。言谁能居有余之位，自省爵禄以奉天下不足者乎？唯有道之君能行之也。

圣人为德施惠，不恃望其报也。功成事就，不处其位。不欲使人知己之贤，匿功不居荣名，畏天损有余也。

七十八章

【原文】

天下柔弱莫过于水，而攻坚强者莫之能胜，其无以易①之。

弱之胜强，柔之胜刚，天下莫不知，莫能行。

故圣人云："受国之垢②，是谓社稷主；受国之不祥③，是谓天下王。"正言若反。

【注释】

①易：取代。

②垢：污垢，引申为耻辱。

③不祥：不吉祥，灾难。

【解析】

世间没有什么事物能柔弱得超过水，但是在成功地冲击坚韧的东西这一方面，也没有什么事物能够胜过水，因为水是任何物质都无法取代的。

弱小能够战胜强大，柔弱能够战胜刚强，天下没有人不知道这个道理，但真正施行起来却没有人能做到。

所以，圣人说："能够承受国家的耻辱，才能够称得上一国之主；能够承担国家的灾难，才有资格成为天下之王。"这些正面的言论听起来却像反话一样。

【名家注解】

河上公：

圆中则圆，方中则方，壅之则止，决之则行。水能怀山襄陵，磨铁消铜，莫能胜水而成功也。夫攻坚强者，无以易于水。

水能灭火，阴能消阳。舌柔齿刚，齿先舌亡。知柔弱者久长，刚强者折伤。耻谦卑，好强梁。

谓下事也。人君能受国之垢浊者，若江海不逆小流，则能长保其社稷，为一国君主也。人君能引过自与，代民受不祥之殃，则可以王天下。此乃正直之言，世人不知，以为反言。

七十九章

【原文】

和大怨，必有余怨，安可以为善？

是以圣人执左契①，而不责②于人。有德司契③，无德司彻④。

天道无亲，常与善人。

【注释】

①左契：债权人所执的收债凭证。

②责：讨债，索取。

③司契：掌管借据的人。

④司彻：掌管税收的人。

【解析】

调和巨大的怨恨，必然会留下怨恨。这怎么能算是妥善的解决方式呢?

因此，圣人拿着借据，而不向欠债者讨债。有德行的人就像主管合同的人那样不会索取什么，没有德行的人则像主管税收的人那样总是苛求人们付出点什么。

自然的规律是没有亲疏之分的，但它总是会帮助善良的人。

简单来说，当政者不可激化与百姓之间的矛盾，更不能在百姓中积累怨气，如果以征收赋税的方式压榨百姓或者采用刑罚去限制百姓，就会增加百姓的怨气。因此，当政者应该如同圣人一般“无为而治”，以德行教化民众，给予而不索取，亲善而不扰害，这样就能得到百姓的支持，从而稳固自己的统治。

【名家注解】

河上公:

杀人者死，伤人者刑，以相和报。任刑者失人情，必有余怨及于良人也。言一人吁嗟，则失天心，安可以和怨为善?

古者圣人执左契，合符信也。无文书法律，刻契合符以为信也。但刻契为信，不责人以他事也。有德之君，司察契信而已。无德之君，背其契信，司人所失。

天道无有亲疏，唯与善人，则与司契同也。

八十章

【原文】

小国寡民。使[1]民有什伯[2]，人之器而不用，使民重死而不远徙。虽有舟舆，无所乘之；虽有甲兵，无所陈[3]之。使民复结绳[4]而用之。

甘其食，美其服，安其居，乐其俗。邻国相望，鸡狗之声相闻，民至老死不相往来。

【注释】

①使：即使。

②什伯：古代兵制，十人为什，百为伯，因此用什伯泛指军队基层队伍。

③陈：通“阵”，列阵。

④结绳：古代结绳记事，这里引申为返璞归真。

【解析】

使国家小一点，使百姓的数量少一点。即使有军队，人民也不会被征召去征战，同时让百姓爱惜生命而不会往远处迁徙。虽然有船只、车辆，却没有必要乘坐；虽然有兵甲武器，却没有机会使用，使百姓恢复到结绳记事的境况。

百姓都认为自己的食物丰盛、甜美，衣服华丽，居所安全舒适，就连风俗习惯也是一种享受。毗邻的国家互相可以看到对方，鸡鸣狗叫互相都可以听见，而百姓直到衰老乃至死亡，互相都不会随意往来。

无论是统治者还是百姓，都应清心寡欲，不需要为自己聚积财物，而应该尽力帮助他人，以此来获得自我满足，就如同“道”能够“利而不害”，人也应当“为而不争”一样。

【名家注解】

河上公：

圣人虽治大国，犹以为小，俭约不奢泰。民虽众，犹若寡少，不敢劳之也。使民各有部曲什伯，贵贱不相犯也。器，谓农人之器。而不用者，不征召夺民良时也。君能为民兴利除害，各得其所，则民重死而贪生也。政令不烦则民安其业，故不远迁徙离其常处也。清静无为，不作烦华，不好出入游娱也。无怨恶于天下。去文反质，信无欺也。

甘其蔬食，不渔食百姓也。美其恶衣，不贵五色。安其茅茨，不好文饰之屋。乐其质朴之俗，不转移也。相去近也，其无情欲。

八十一章

【原文】

信言[①]不美，美言[②]不信。

善者不辩，辩者不善。

知者不博，博者不知。

圣人不积，既以为人，已愈有；既以与人，已愈多。

天之道，利而不害，圣人之道，为而不争。

【注释】

①信言：真实的话语。

②美言：华丽的言辞。

【解析】

真实的话语往往不动听，华丽的言辞往往不是发自肺腑的真话。

心地善良的人不喜欢巧辩，而善于巧辩的人往往心存不善。

有真知的人未必知识广博，知识广博的人未必都拥有真正的智慧。

圣人从不自私地积累财物，而是将自己的财物拿出来帮助他人，或者与人分享，反而变得更加富有；尽量给予他人，这可以使自己更加丰裕。

世间的自然法则，是对万物有利而不是有害的；圣人的法则，是帮助每一个人而不是与他人相争。

最后一章作为全书的总结，其中信实、纳言、专精、利民、不争等思想要点，可以作为人们行事的最高准则。

【名家注解】

河上公：

信言者，如其实也。不美者，朴且质也。美言者，滋美之华辞。不信者，饰伪多空虚也。

善者，以道修身也。不辩者，不彩文也。辩者，谓巧言也。不善者，舌致患也。山有玉，掘其山；水有珠，浊其渊；辩口多言，亡其身。

知者，谓知道之士。不博者，守一元也。博者，多见闻也。不知者，失要真也。

圣人积德不积财，有德以教愚，有财以与贫也。既以为人施设德化，己愈有德。既以财贿布施与人，而财益多，如日月之光，无有尽时。

天生万物，爱育之，令长大，无所伤害也。圣人法天所施为，化成事就，不与下争功名，故能全其圣功也。